事業者必携

◆消費税率10％引き上げに対応！◆

入門図解 **会社の税金【法人税・消費税】しくみと手続き**

公認会計士
武田 守 監修

三修社

本書に関するお問い合わせについて

　本書の内容に関するお問い合わせは、お手数ですが、小社あてに郵便・ファックス・メールでお願いします。お電話でのお問い合わせはお受けしておりません。内容によっては、ご質問をお受けしてから回答をご送付するまでに1週間から2週間程度を要する場合があります。

　なお、個別の案件についてのご相談や監修者紹介の可否については回答をさせていただくことができません。あらかじめご了承ください。

はじめに

　税金は、個人や会社（法人）関係なく、身の回りの生活や経済活動などに大きな影響を与えるにもかかわらず、税金のルール自体が多種多様で複雑なため、「税金」と聞いただけで難解なイメージを持ってしまい敬遠されがちなのが実情なのかもしれません。会社の経理部門などに配属をされていれば、税務に関わる機会は多くなりますが、そうではなくても生きていく上で誰もが税金の知識を備えておくことが重要となっています。

　本書は、税金の実務として代表的な法人税及び消費税の入門書です。また、税金を理解するためには避けては通れない企業会計や決算書の読み方などにもページを割いており、会計のまったくの初心者でもわかるように仕訳を極力用いないで説明の工夫をしています。

　消費税については、2019年10月より、いよいよ消費税率が従来の８から10％に変わり、同時に軽減税率８％が導入されます。これは、日常的に消費税率が８％と10％の２種類が混在するという、日本では初めて適用される複数税率制度であり、また、さまざまな取引のパターンが考えられるため、いずれの税率が適用されるのかの見極めが必要となります。さらには、インボイスという、従来とは似て非なる新たな文書の作成・保存制度も導入され、その運用に伴い実務にも大きな影響を及ぼすことが想定されます。このような、身近でかつ最新の税務についてもコンパクトに説明しています。

　本書をご活用いただき、皆様のお役に立てていただければ監修者として幸いです。

監修者　武田　守

※2019年５月１日より元号が「令和」に改められましたが、本書では、旧元号を用いた税制改正に基づく記述が多いことから、５月１日以後の日付を記載する際にも、原則として旧元号の「平成」表記を使用しています。

Contents

はじめに

第1章　会社の税金の全体像

1　税金が必要な理由は何か　　10

2　会社にかかる国税・地方税について知っておこう　　12

3　個人事業主と法人の税務上の違いは何か　　16

第2章　法人税のしくみ

1　法人税とはどんな税金なのか　　20

　　Q&A 法人税と所得税はどこが違うのでしょうか。　　24

2　法人税の所得はどのように計算するのか　　26

3　法人における益金とは何か　　31

4　法人における損金とは何か　　33

5　税務調整について知っておこう　　35

　　Q&A 法人税は何に対して課税される税金なのでしょうか。
　　　　税率についても教えてください。　　37

6　税額控除について知っておこう　　39

7　法人税と会社の利益はどのような関係にあるのか　　42

8　連結納税とはどんな納税方法なのか　　45

　　Q&A 同族会社とはどのような形態の会社をいうのでしょう
　　　　か。同族会社には法人税法上どのような規制があるの
　　　　でしょうか。　　48

Column	企業会計原則にある7つの一般原則	50

第3章　法人税の実務

1 収益・費用の計上のタイミングを知っておこう	52
2 益金の範囲について知っておこう	54
3 損金の範囲について知っておこう	56
4 売上原価とはどのようなものなのか	59

Q&A 商品や在庫などの棚卸資産の評価によって利益が違ってくるように思います。評価方法にはどのようなものがあるのでしょうか。
61

Q&A 有価証券も「売買目的」と「満期保有目的」では所有目的が違いますが、評価方法も所有目的によって異なるのでしょうか。
63

5 減価償却について知っておこう	65
6 資本的支出と修繕費について知っておこう	68
7 減価償却の方法について知っておこう	70
8 耐用年数について知っておこう	76
9 圧縮記帳について知っておこう	78
10 繰延資産について知っておこう	80
11 貸倒損失について知っておこう	82
12 引当金・準備金について知っておこう	88
13 役員報酬・賞与・退職金の処理はどのように行うのか	93

14 寄付金になるものとならないものがある　　　　　　　　95

15 交際費になるものとならないものがある　　　　　　　　97

16 赤字のときの法人税について知っておこう　　　　　　　100

第4章　決算書のしくみ

1 決算とはどのようなものなのか　　　　　　　　　　　　104

2 決算書の内容を見ていこう　　　　　　　　　　　　　　106

3 損益計算書の区分はどうなっているのか　　　　　　　　108

4 会社の利益の計算方法について知っておこう　　　　　　110

5 費用は変動費と固定費に分けられる　　　　　　　　　　114

6 利益がゼロになる損益分岐点について考えてみよう　　　116

　　Q&A 貸借対照表と損益計算書の違いがよくわかりません。
　　　　　なぜ両方作成する必要があるのでしょうか。両者の関
　　　　　係について教えてください。　　　　　　　　　　　119

7 貸借対照表の構成を知っておこう　　　　　　　　　　　121

8 流動資産・固定資産・繰延資産とはどんなものなのか　　124

9 「資産の部」はこう読む　　　　　　　　　　　　　　　129

10「負債の部」を詳しく見てみよう　　　　　　　　　　　132

11「純資産の部」を詳しく見てみよう　　　　　　　　　　135

12 株主資本等変動計算書を見てみよう　　　　　　　　　　140

13 キャッシュ・フロー計算書とはどんなものなのか　　　　142

第5章　税率アップに対応！消費税のしくみ

1 消費税とはどんな税金なのか	146
2 軽減税率について知っておこう	151
3 適用される品目とそうでない品目を見分ける	153
4 インボイス制度について知っておこう	157
5 総額表示義務について知っておこう	162
6 旧税率8％が適用される経過措置について知っておこう	166
7 納税事業者や課税期間について知っておこう	170
8 消費税が課される取引と課されない取引がある	177

Q&A「取引が成立したとき」といっても、出荷日や検収日、引渡日など、いろいろな段階があると思います。消費税取引の基準となるのはいつからでしょうか。　181

9 輸出や輸入取引の場合の取扱いについて知っておこう	183
10 消費税額はどのように算定するのか	186
11 簡易課税制度とはどんなしくみになっているのか	195
12 消費税法上の特例について知っておこう	198
13 税込経理方式と税抜経理方式の違いについて知っておこう	204
14 消費税転嫁対策特別措置法について知っておこう	206
15 消費税の転嫁拒否行為について知っておこう	208

Q&A 消費税の転嫁を阻害する表示を是正するということになると、「消費税還元セール」といった広告宣伝が禁止されることになるのでしょうか。　211

第6章　その他知っておきたい！さまざまな税金

1　会社にかかる住民税は個人の住民税と違うのか　214

2　法人事業税について知っておこう　217

Q&A 資本金1億円超の法人を対象とする課税方式である外
形標準課税について教えてください。　219

3　不動産の取得や売却時にかかる税金にはどんなものがあるのか　221

4　自動車にも税金がかかる　225

Q&A 不動産売買契約書などの文書に印紙を貼ることがあり
ますが、印紙税とはどんな税金なのでしょうか。節約
することはできるのでしょうか。　229

5　関税について知っておこう　231

第7章　法人税・消費税の申告・納税

1　申告納税制度とはどんな制度なのか　234

2　法人税の申告納税について知っておこう　236

3　消費税の申告・納付について知っておこう　238

Q&A おもな税金の申告期限と納付方法について教えてくだ
さい。期限後に申告するとどうなるのでしょうか。　243

4　青色申告について知っておこう　245

5　青色申告をするための手続きについて知っておこう　247

6　推計課税の禁止・更正の理由の附記について知っておこう　250

7　特別償却・特別控除について知っておこう　252

第1章
会社の税金の全体像

1 税金が必要な理由は何か

税金は国の活動経費にあてられる

■ 課税の原則とは

　税金は、国や地方自治体が公共サービスを提供するのに必要な経費について、国民や住民にその負担を求める金銭です。納税は国民の義務のひとつですが（憲法30条）、特に、憲法84条は、課税対象、納税義務者、課税標準、税率などの課税要件は、法律（あるいは条例）によって定めなければならないと規定しています（租税法律主義）。

　また、国民は、負担できる能力（担税力）に応じて税金を納め、各種の租税法律関係において平等に扱われると規定しています（課税平等主義）。租税平等主義は以下の３原則から構成されています。

① **公平の原則**

　担税力が高い人には税の負担も相応にし、また、担税力が同じであれば税の負担を等しくする、というのが原則です。

② **中立の原則**

　民間の経済活動において税制が影響を与えることがないように種々の措置をとるという原則です。

③ **簡素の原則**

　納税手続がわかりやすく、費用がかからない方法で徴収できるようにするという原則です。

　個人の場合、支払能力（獲得する所得）によって、所得税、贈与税や相続税などの個人に対して発生する税金は、所得などが増えれば増えるほど税率が高くなるという累進税率が採用されています。これに対して、会社は、富の格差を縮めるよりも、お金を儲けるという経済上のメリットを優先するため、一律の税率が採用されています。なお、

10

税金には、景気変動を緩やかにする効果があり、税負担は、好況期には所得が増えることで増し、不況期には所得が減ることで減少します。

■ 租税特別措置法による経済政策

国が経済政策などを推し進める上で、期限を限って法制化しているものに租税特別措置法があります。

たとえば、税負担を軽くするための措置として特別償却（74ページ）があります。特別償却とは、通常の減価償却（65ページ）の他に取得価額の30％等の特別償却を実施することで、初期段階での税負担の軽減を図ります。企業に法人税の繰延べ効果があることを知らせ、設備投資を促しながら、経済の活性化を図ることが目的です。また、算出された税額から一定の税額を控除して納税額を減額する税額控除（39ページ）なども租税特別措置法の中で適用期限を切って定めています。

■ 国内産業を保護するための役割も担う

税金は国内産業を保護するという役割を担っています。代表的なものとして関税（231ページ）があります。関税は外国から原材料や製品などを輸入する際にかかる税金で、これを課することによりその分だけ輸入のコストが高くなる結果、国内産業を保護することになります。

■ 課税の原則

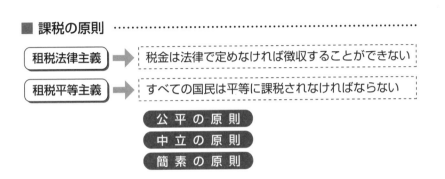

第1章 ◆ 会社の税金の全体像　11

2 会社にかかる国税・地方税について知っておこう

さまざまな種類の国税・地方税がかかる税率

■ 法人税は原則として儲けの23.2%

　まず、会社が納める国税でおもなもの（法人税、消費税、源泉所得税、印紙税、登録免許税）をあげてみましょう。会社を取り巻く税金の代表は、法人の所得（儲け）に対して課される**法人税**です。

　法人税の税率は、平成30年4月1日以後開始する事業年度より原則として23.2%となっています。ただし一部の法人は、税率で優遇されています。約30年以上前は、税率が40%を超えていたこともありましたが、諸外国の税率の現状や会社の競争力の確保などを踏まえて、徐々に引き下げられて現在の税率になっています。

　法人税は、原則として事業年度終了の日の翌日から2か月以内に確定申告・納付しなければなりません。

■ 消費税は預かり分から支払分を差し引いて納める

　会社が**消費税**の課税事業者である場合には、売上などで預かった消費税から、仕入れや経費で支払った消費税を引いた金額を国に納めます。

　消費税も、事業年度終了の日の翌日から2か月以内に確定申告・納付しなければなりません。以下の場合は、免税事業者となり、課税されません。

① 　資本金が1000万円未満の新設法人（設立から2年間）

② 　基準期間（その事業年度の前々事業年度）の課税売上高が1000万円以下である法人

　ただし、前年度の上半期の売上が1000万円を超えると、課税事業者となります。なお、大会社から過半数の出資を受けている場合も、上

記①の例外として課税事業者となります。税率は、現在は国税6.3%及び地方税1.7%で合計8％ですが、平成31年10月1日からは国税7.8%及び地方税2.2%で合計10％になり、またこのうち販売される飲食料品（酒類以外で、外食を含まない）と定期購読契約の新聞などについては従来どおり合計8％（国税6.24%、地方税1.76%）が適用される軽減税率制度が実施されます。

■ 源泉所得税は支払月の翌月10日までに支払う

　会社が給与を支払ったり、税理士やデザイナーなどに対する報酬を支払ったりした場合は、支払金額のうち一部を預かって、支払った月の翌月10日までに**源泉所得税**として納付しなければなりません。

■ 印紙税は収入印紙を購入することで支払う

　会社が、不動産などの売買・移転の契約時に不動産売買契約書などの「文書」を作成したときには、**印紙税**がかります。直接税務署に納めるのではなく、収入印紙を購入することによって印紙税を納めます。

　不動産売買契約書などの場合、そこに記載された取引の金額の大きさに応じて税額は変わります。また、同一文書を2通作ったときは、その両方に課税されます。

■ 登録免許税は登記の際に支払う

　会社が土地や建物を取得した場合、会社の権利を明らかにするために所有権の保存登記や移転登記をすることになります。これらの登記は、司法書士に依頼するというのが一般的なので、税金を納めるという感覚はあまりないかもしれませんが、登記の時には必ず税金を納めなければなりません。これが**登録免許税**（221ページ）です。

第1章 ◆ 会社の税金の全体像　13

● 法人住民税には均等割・法人税割がある

　続いて、会社が納める地方税でおもなもの（法人住民税、法人事業税、固定資産税、特別徴収住民税、不動産取得税）について見ていきましょう。会社を取り巻く地方税の代表は、**法人住民税**です。法人住民税には、道府県民税と市町村民税があります。法人に対して課される住民税には、均等割、法人税割があります。

　均等割とは、所得の黒字、赤字を問わず資本金や従業員数などに応じて一律に課税されるものです。**法人税割**とは、法人税額を基礎として課税されるものです。

　これらの法人住民税は、原則として、事業年度終了の日の翌日から2か月以内に確定申告・納付しなければなりません。

● 法人事業税は資本金等の額又は所得に応じて税率が異なる

　一般の会社の場合、その会社の資本金の額又は法人税の所得に応じて異なる税率が適用されます。なお、外形標準課税制度（219ページ）により、赤字法人であったとしても、**法人事業税**を納付する必要のある企業もあります。原則として、事業年度終了の日の翌日から2か月以内に確定申告・納付しなければなりません。

● 固定資産税は年4回納める

　毎年1月1日現在で、固定資産を保有している場合には、**固定資産税**を払わなければなりません。土地・建物については、税額が決められて通知されますが、償却資産については、会社側で1月1日現在での所有資産を確認し、申告をしなければなりません。納期は各市町村の条例により定められていますが、一般的には6月、9月、12月、2月末の年4回です。

● 特別徴収住民税は給与から天引きして納める

給与所得者つまり会社員の住民税は、給与支払者である会社が、その人の給与から税額を差し引いて市区町村に納めます。この方法を**特別徴収**といい、給与支払者を特別徴収義務者といいます。

● 不動産取得税の納期限は納税通知書で指定される

会社が不動産を取得した場合には、**不動産取得税**が課税されます。納税義務者は、土地や家屋を売買、贈与、交換、建築などによって取得した会社です。税額は、取得した日における不動産の価格に税率を掛けて求めます。不動産を取得した日から60日以内に各都道府県税事務所に不動産取得申告書を提出します。各都道府県税事務所から送付される納税通知書により指定された納期限までに納めます。

■ 税金の種類

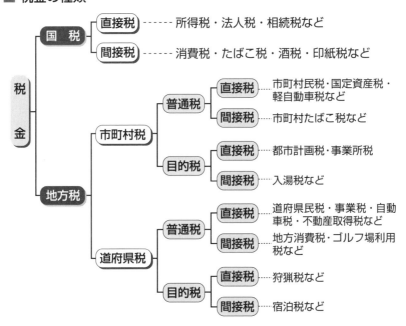

第1章 ◆ 会社の税金の全体像

3 個人事業主と法人の税務上の違いは何か

個人事業主と法人では課される税金に違いがある

個人事業主は所得税、会社は法人税を納める

　個人事業主と法人では、課税される税金に違いがあります。個人事業主には所得税・住民税・個人事業税が、法人には法人税・法人住民税・法人事業税が課されます。所得税と法人税の大きな違いは、課税所得の計算方法と損失の繰越控除（100ページ）の期間です。

　所得税は、所得を10種類に分類し、その所得金額に超過累進税率又は分離課税の税率を掛けて求めます。**超過累進税率**とは、所得に応じて段階的に税率が高くなる課税方法で、事業所得や給与所得などメインとなる収入源に対して適用されます。現行における超過累進税率は、5％から最大45％までです。**分離課税**とは、所得に一定の税率を掛ける課税方法で、資産の譲渡所得など臨時収入的な性質の所得に対して適用されます。

　法人税は、所得を分類せず、その法人の所得金額に原則として一律23.2％の税率を掛けて求めます。

　次に、損失（欠損金）が出た場合の取扱いについてです。所得税及び法人税の計算上、欠損金が生じた場合にその損失を翌年（翌期）以降に繰り越すことができます。ただし、その繰越期間が両者で異なります。所得税は3年間、法人税は平成30年4月1日以後に開始する事業年度で生じた欠損金は10年間です。なお、法人の場合、資本金1億円以下の中小企業などを除き、損失を控除できるのは所得の50％までと制限されています。

　法人のうち、同族の者だけで実質的に会社の支配権を握っているものについては、会社内部に一定以上の所得を留保した場合、その超過

部分の金額に対して特別税率による法人税が課されます。これを**留保金課税**といいます。個人事業の場合、留保金課税のような制度はありません。

　事業税について、個人事業の場合は、前年の事業所得金額から事業主控除額（290万円）を控除した金額に原則5％の税率で課されます。法人の場合は、その法人の所得（法人税の所得と若干違う場合もあります）に応じて異なった税率で課されます。

■ 経費として認められる範囲に大きな違いがある

　個人事業主と法人では、経費として所得から控除できるものが多少異なります。たとえば接待などで交際費を支出した場合について比較してみましょう。個人事業主の場合、支出が取引の記録として残っており、業務の遂行上直接必要であったことが認められるのであれば、交際費の全額を必要経費に算入することができます。一方、法人の場合、大企業では交際費のうち、飲食費の50％までしか必要経費として認められていません。

　中小企業の場合も、一定の限度額を超えた交際費は損金算入（98

■ 個人事業主と法人の税務上の違い ……………………………………

	法　　人	個人事業者
税　率	法人税は所得金額の 23.2% （中小法人の所得 800 万以下の部分は原則 19%）	所得税は所得金額に応じて超過累進税率で5％〜45％
欠損金の繰越控除期間	平成 30 年4月1日以後に開始する事業年度で生じた欠損金は 10 年 （ただし、それ以前開始事業年度分は9年）	3年
法人事業税	所得金額に課税 （資本金1億円超の法人は外形標準課税）	290万円を超える所得金額がある場合に課税
留保金課税	一定の同族会社に適用あり	———

第 1 章 ◆ 会社の税金の全体像　　17

ページ）が認められません。

　また、報酬に対する取扱いも両者では異なります。個人事業主の報酬は必要経費に算入することができません。ただし事業を手伝う家族に支払う給与については制約はありますが、必要経費（青色事業専従者給与）とすることはできます。

　一方、法人では、適当と認められる枠内であれば、経営者など役員に対して支給した給与を損金に算入することができます。

　たとえば、事業に従事している家族を役員にすれば、家族にも役員給与を支給することができます。役員給与を支給した場合は、給与所得として所得税が課税されます。

　最後に、事業をやめた場合の取扱いについて比較してみましょう。個人事業の場合、事業主が事業をやめれば収入が途絶えてしまいます。一方、法人の場合は、退職する経営者など役員に対して役員退職金を支給することができ、その額が不相当に高額でなければ、損金に算入することができます。

■個人事業と法人、税金面ではどちらが有利か

　個人の所得税では超過累進税率ですが、法人税では2段階までなので、課税所得が800万超であれば、23.2％になります。そのため、所得が一定以上の金額になれば、個人事業から法人化した方が節税になる場合があります。また、消費税については、個人・法人を問わず、原則では前々年度の売上高が1000万円を超えた場合に課税となるのですが、法人を設立してから2年目までは、通常は免税となる場合が多いため、すでに個人事業者として開業している場合は、この時期に法人化をする人も多いといわれています。

　いずれにしても、それぞれの事業内容や業種により影響があるため、専門家に相談の上、場面に応じたシミュレーション等をしてもらうと、より的確な情報が得られます。

18

第2章

法人税のしくみ

1 法人税とはどんな税金なのか

法人にかかる税金である

■ どのような税金なのか

法人税とは、株式会社などの法人が事業年度（通常は1年間）において稼いだ利益（所得）に対して課税される国税です。つまり、法人の利益（所得）を基準として法人に課される税金であり、広い意味での所得税の一種です。

個人の所得に対して課される税金を**所得税**といい、法人の利益（所得）に対して課される税金を法人税というわけです。

■ 会社の利益にかかる税金が法人税である

法人とは、個人以外で、法律で人格を与えられた存在です。法律が定める範囲内で1人の人間のように扱われ、会社名で契約をしたり、預金や借入れができるように、権利・義務の主体となることができます。

法人税法上の法人は大きく分けると、内国法人（日本に本店等がある法人）と外国法人（外国に本店等がある法人）に分けられます。内国法人は、公共法人、公益法人等、協同組合等、人格のない社団等、普通法人の5つに分類されます。外国法人は、普通法人、人格のない社団等の2つに分類されます。株式会社や合同会社は普通法人に分類されます。

ここで、内国法人における、法人税法上の各種法人について説明しておきましょう。

① **公共法人**

法人税法別表第一第1号に掲げる法人をいいます。地方公共団体、日本放送協会などが該当します。

② **公益法人等**

　法人税法別表第二第1号に掲げる法人をいいます。宗教法人、学校法人などが該当します。

③ **協同組合等**

　法人税法別表第三に掲げる法人をいいます。農業協同組合、信用金庫などが該当します。

④ **人格のない社団等**

　法人でない社団又は財団で代表者又は管理人の定めがあるものをいいます。ＰＴＡ、同窓会などが該当します。

⑤ **普通法人**

　上記①から④以外の法人をいいます。株式会社、医療法人などが該当します。

■ 「利益」も「所得」も内容的には同じ

　法人税は、所得税や消費税と同様に国に納める税金（国税）で、株式会社など会社の「利益」にかかる税金です。

　法人の利益とは、個人でいう所得税法上の「所得」にあたります。

■ 法人税法上の法人 ………………………………………………

```
          ┌ 公共法人 ---------- 納税義務なし
          │
          │─ 公益法人等 -------- 収益事業からなる所得に対してのみ低率
          │                     課税
   ┌ 内国法人 ─ 協同組合等 -------- すべての所得に対して低率課税
   │      │
   │      │─ 人格のない社団等 --- 収益事業からなる所得に対してのみ普通
   │      │                     税率課税
   │      └ 普通法人 ---------- すべての所得に対して普通税率課税
   │
   │      ┌ 人格のない社団等 --- 国内源泉所得のうち、収益事業からなる
   └ 外国法人 │                     ものに対してのみ普通税率課税
          └ 普通法人 ---------- 国内源泉所得に対してのみ普通税率課税
```

第2章 ◆ 法人税のしくみ　21

「利益」は収益から費用を差し引いて求めます。所得税法上の「所得」も収入金額から必要経費を差し引いて求めますので、「利益」も所得税法上の「所得」も内容的には同じです。法人税も基本的には会社の「利益」に対して課税されますが、正しくは、この「利益」に一定の法人税法上の調整を加えて、法人税の課税対象となる「所得」を求め、この「所得」に法人税が課税されることになっています。詳細については26ページで説明することとし、ここでは、法人税は「利益」に対して課税されるということにしておきます。

したがって、欠損会社（赤字会社）には法人税はかかりません。

ただし、消費税と法人住民税は欠損会社であっても課税されます。消費税は法人の所得とは無関係の税金ですので、消費税の計算方法に従って算出した税額を納税しなければなりません。

一方、法人住民税については、欠損会社であっても、均等割（214ページ）といわれる定額部分が課税されます。これは、社会への参加費用のようなものです。定額部分は、資本金と従業員数によって金額が違います。東京都の場合、資本金1000万円以下で従業員が50人以下の法人の定額部分は年間7万円となっています。これらの地方税は法人税を課税のベースにするためです。

なお、事業税については資本金1億円以下の法人で法人の所得を課税標準とする欠損会社は、同様に課税されません。

また、法人は、その種類によって、ⓐ納税義務の有無、ⓑ課税対象となる所得の範囲、ⓒ課税時の税率が異なります。内国法人・外国法人に共通する内容でくくると、以下のようになります。前ページの図を参照しながら理解してください。

① 公共法人の場合は、納税義務がありません。

② 公益法人等の場合は、所得のうち収益事業からなる所得に対してのみ法人税がかかります。さらに、低税率での課税となります。

③ 協同組合等は、すべての所得に対して共同組合等に適用される税

率で法人税がかかります。さらに、低税率での課税となります。
④　人格のない社団等は、所得のうち収益事業からなる所得に対してのみ法人税がかかります。
⑤　普通法人の場合は、すべての所得に対して普通税率での課税となります。

● 法人税は会社が申告書を提出して納める

　法人税は、納税義務者である法人が自ら計算を行い、申告と納税を行います。

　法人は、株式会社の場合、企業会計原則等の会計基準に基づいて決算を行い、貸借対照表や損益計算書などの決算書を作成して、株主総会において承認を受けます。この損益計算書に記載されている当期利益をもとに、法人税の課税対象となる利益（所得金額）と法人税額を計算して、法人税の申告書等を作成します。法人税の申告書の提出期限は、事業年度終了の日の翌日から2か月以内です。納税も事業年度終了の日の翌日から2か月以内に行います。

■ 申告期限

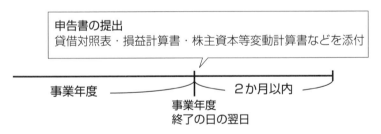

法人税と所得税はどこが違うのでしょうか。

　所得税と法人税の違いについて、比較してみましょう。
　① **納税義務者**
　所得税は個人、法人税は法人が納税義務者です。法人は、個人と同様、法律によって法人格を与えられ、社会的に「人格」をもつ存在です。1人の人間のように扱われ、会社名で契約をしたり、預金や借入れができるように、法律が定めた範囲内で権利・義務の主体となることができるものです。むしろ、取引額は個人より法人の方がはるかに大きいのですから、税金を課されて当然なのです。
② **課税の基準となるもの**
　所得税が個人の所得に対してかかるのに対し、法人税は、会社の「利益」にかかります。
　法人の利益とは、個人でいう「所得」にあたります。「利益」は収益マイナス費用、「所得」も収入金額マイナス必要経費なので、「利益」も「所得」も、内容的には同じです。
　なお、法人税の場合、正しくは、会社の「利益」に一定の調整額をプラスやマイナスをした税務調整後の金額（法人の「所得」といいます）に対して法人税が課税されます。
③ **税額計算の対象期間**
　所得税の計算の対象期間は1暦年です。1月1日から12月31日までの間に稼いだ所得に対して所得税が課され、翌年の2月16日から3月15日までの間に確定申告をしなければなりません。
　これに対し、法人税は、会社法の規定により定款で定めた1年以下の期間、つまり事業年度が計算の対象期間になります。この事業年度の利益に対して法人税が課され、事業年度終了の日の翌日から2か月以内に確定申告書を提出することになります。

④　課税方法と税率

　所得税の所得は10種類に分類され、その種類ごとに所得の計算方法が異なっています。ⓐ所得の性格を考慮して各所得の合計額に対する税率によって税金計算する総合課税、ⓑ合計をせずにその所得に対する税率によって税金計算する源泉分離課税や申告分離課税といった課税方法が決まっています。

　また、個人の事情を考慮して、雑損控除、医療費控除、扶養控除などの所得控除が設けられていて、最終的には課税所得金額に税率を掛けて所得税を算出します。

　この税率は、所得が多くなれば税率が高くなる「超過累進税率」というものになっています。

　これに対して、法人税では、法人の事業活動から生じた利益をひとまとめにして課税します。

　所得税にあるような個人的事情を考慮する必要がないので、所得控除のようなものは設けられていません。

　税率も一定税率となっていて、この法人税の税率は、法人の種類や資本金の規模によって決まっています。

■ 法人税と所得税の違い ……………………………………………

法 人 税 …… 法人の所得に対して課税される税金

- ・計算対象期間は事業年度の期間
- ・一定税率
- ・申告期限は事業年度終了の日の翌日から2か月以内

所 得 税 …… 個人の所得に対して課税される税金

- ・計算対象期間は1暦年（1/1～12/31）の期間
- ・超過累進税率
- ・申告期限は翌年の2月16日から3月15日

第2章 ◆ 法人税のしくみ　　25

2 法人税の所得はどのように計算するのか

損益計算書をベースに所得を算出する

■ 所得金額はどうやって計算するのか

法人税は各事業年度の所得に法人税率を掛けて算出します。法人税の対象となる課税所得とは、企業会計上の利益である「収益−費用」ではなく税法上の所得金額「益金−損金」のことをいいます。

この益金と損金とは、法人税法上に規定される調整を、各事業年度ごとの会計上の収益と費用に行ったものになります。

日常的な会計処理を企業会計とすると、法人税計算のための税務会計は、その企業会計による数字を調整して計算される別のものと考えるとわかりやすいでしょう。

具体的には、損益計算書に記載されている当期利益に一定の調整（税務調整）を加えて、法人税の申告書の別表四という表を使って所得金額を計算します。

■ 課税所得とは

法人税法では、その法人の「各事業年度の所得の金額は、その事業年度の益金の額からその事業年度の損金の額を控除した金額とする」と明記されています。「控除（引き算）した金額」を課税所得といいます。

会社のお金の出入りを決められた方式で計算し、決められた形にまとめることを会計といいます。法人税を計算し、申告書のもとになる数字をまとめるのも会計です。益金、損金、所得という言葉は、税金計算で使う用語です。益金とは、企業会計上の収益とほぼ同じもので、売上や雑収入などの収入のことです。収益≒益金と考えられます

26

が、イコール（＝）ではないという点を覚えておきましょう。損金とは、やはり企業会計の費用とほぼ同じといえますが、費用≒損金の方がより違いが大きくなっています。費用と損金の認められる範囲が違うと考えてください。所得とは、益金から損金を引いたもので、企業会計上の収益－費用、つまり利益に該当するものです。前述した法人税法の条文は、法人税は、「利益に対して課税されるのが原則」だといっているわけです。

正確には、益金とは「収益に法人税を算出するための特別ルールで修正を加えた後の金額」、損金とは「費用に法人税を算出するための特別ルールで修正を加えた後の金額」、所得とは「利益に法人税を算出するための特別ルールで修正を加えた後の金額」となります。

次にもう少し、この内容をわかりやすく説明していきます。

■ 法人税算出のための会計（税務会計）と企業会計

企業に関係する会計には、法人税算出のための会計（税務会計）の他に、企業会計があります。同じ「会計」という言葉を使っていても、２つの会計の中身は違います。

■ 課税所得の計算方法

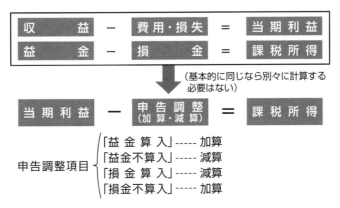

第２章 ◆ 法人税のしくみ　27

企業会計は、会社の実際の姿をできる限り正確に表わすことを目的としています。それに対し、**税務会計**は、公平な課税を誰もが納得できる形で算出するのが目的になっています。そもそも、会計の目的が違うのです。したがって、会計のルールも税務会計と企業会計とでは違います。

　先ほど、益金、損金、所得の説明で出てきた収益、費用、利益とは、前頁でも記載したとおり企業会計で使う言葉です。

　企業会計では、企業が営業活動をして得たお金（これを企業会計では、「資本取引を除いた企業活動によって得たお金」といいます）を**収益**、そのお金を得るために使ったお金を**費用**、収益から費用を引いたお金を**利益**と呼びます。

　話を税金に戻しますと、結局、益金、損金、所得とは、企業会計上の収益、費用、利益に法人税法上の特別ルールで修正を加えて算出したものということになります。

■ 税務調整とは

　税務会計と企業会計では、会計のルールがどのように違うのでしょうか。ここでは、基本的な考え方だけ説明します。企業会計は、会社の実態をできる限り正確に表わすのが目的です。したがって、企業会計のルールも会社の実態をできる限り正確に表すために策定されています。また、株主や投資家、債権者などの利害関係者が会社の実態を評価するために必要とするデータについては、企業会計による基準で作成するのが基本中の基本です。会社の実態を正確に知りたいという場合は、企業会計のルールで作成する損益計算書（会社が1年間の事業活動で得たお金と支払ったお金のデータ）や貸借対照表（会社の財産をまとめたデータ）を参照しなければなりません。

　一方、税務会計は、会社の実態を知る必要があることはもちろんですが、税金を算出するために、「税収の確保」と「税の公平性」とい

う観点も加味しなければなりません。

　ここまで説明すれば、もうわかると思います。会計のルールの違いとは、税務会計には、基本中の基本である企業会計のルールの他に「税の確保」と「税の公平性」を加味する必要があるということなのです。

　つまり、まとめるとこうなります。税務会計とは、企業会計で算出した収益、費用、利益に「税収の確保」と「税の公平性」という面からの修正を加えることなのです。この修正を加えることを**税務調整**と呼びます。

　「税の確保と公平性を加えて修正する」とは、35ページ以降で具体的に説明しますが、基本的な考え方は以下のとおりです。

① **収益、費用、利益には入れるが、益金、損金、所得から除外する修正**

　以下のような観点から修正を加えます。

・**社会通念上、課税になじまない支出や収入**

　たとえば、公益法人の法人税は、営利活動によって得た利益以外は課税されません。つまり、公益の仕事をして利益を得た場合は、その利益を益金という概念に入れる必要がないのです。これは、公益法人が非営利を目的としている法人であるため、その儲けに課税すべきでないという配慮が理由になっています。

・**政策的な理由から課税になじまない支出や収入**

　社会通念上、課税すべき支出としては、オーナー企業などが役員（家族）に多額の賞与を支払った場合があります。会社の利益を個人（家族）に渡したと考えることもできるため、税法上は損金扱いできません。

　政策的な理由から課税すべき支出としては、寄付金の一部がこれにあたります。寄付金は、社会貢献のひとつで、無償で金品を提供するものです。損益計算書上では、全額を費用扱いできますし、社会貢献

第2章 ◆ 法人税のしくみ　29

という意味からも税金を掛けるべきではないとも考えられますが、税収の確保といった面から、一部しか損金扱いできないのが原則です。

② **収益、費用、利益には入れないが、益金、損金、所得には入れる修正**

以下のような観点から修正を加えます。

・**社会通念上、課税すべき支出や収入**

たとえば、会社が役員に無償で土地などを提供した場合などがあてはまります。企業会計では、収益に入るわけがないのですが、税務会計では、土地をいったん、有償で役員に譲渡したものとみなし、土地代金も役員から受け取ったものと考えます。つまり、会社に益金が発生していると考えるのです。そして、その土地代金をさらに役員に無償で譲渡したとみなします。

・**政策的な理由から課税すべき支出や収入**

たとえば、欠損金の繰越控除がこれにあたります（100ページ）。

こうしてみると、わかると思いますが、税務会計は、国の「都合」が入る余地がかなりあるといえます。実際、企業会計のルールが厳格な経済の法則に則っている一方で、税務会計は、論理的には理解し難い内容も入っているのです。

■ 決算調整と申告調整がある

税務調整には、決算の際に調整する**決算調整**と、申告書の上で加減して調整する**申告調整**とがあります。法人税法では、その法人の「各事業年度の所得の金額は、その事業年度の益金の額からその事業年度の損金の額を控除した金額とする」と規定していますので、法人税の所得は、ゼロから「益金」と「損金」を集計するのではなく、企業会計上の確定した決算に基づく「利益」をもととし、「申告調整」を行って求めることになります。

30

3 法人における益金とは何か

「益金」は原則として企業会計の「収益」と一致する

■ 益金とは

　法人税法における「益金の額」は、原則として、「一般に公正妥当と認められる会計処理の基準」に従って計算されます。

　つまり、益金の額とは、基本的には企業会計における収益の額（売上高、受取利息など）ですが、この収益の額に法人税法の目的に応じた一定の調整を加えた金額となります。

　法人税法では、益金の額を以下のように規定しています。

① **資産の販売による収益の額**

　商品や製品の販売による収益のことです。損益計算書では、売上高がこれに該当します。

② **有償又は無償による資産の譲渡による収益の額**

　固定資産（土地、建物、機械など）や有価証券の譲渡による収益のことです。損益計算書では、営業外収益や特別利益にこれらが含まれています。

③ **有償又は無償による役務の提供による収益の額**

　請負（建設業やソフト制作業など）、金銭や不動産の貸付による収益のことです。損益計算書では、売上高、営業外収益に含まれます。

④ **無償による資産の譲受けによる収益の額**

　資産を無償で取得した（たとえば小売業者がメーカーの負担で陳列販売コーナーを設置してもらう）場合の収益のことです。

　債務免除も、債務免除益として収益計上されることから、この類型に含まれます。

⑤ **その他の取引で資本等取引以外のものによる収益の額**

第 2 章 ◆ 法人税のしくみ　31

①から④以外の取引から生じる収益のことです。資本等取引とは、「会社の資本（株主などからの出資）の増減」や「利益（収益と費用の差引金額）の分配（配当）」のことですが、この資本等取引は、益金とは無関係です。

無償による資産の譲渡や役務の提供を益金とするのは、法人税法独特の考え方です。

常識的には益金と考えられませんが、いったん資産を譲渡し、その譲渡代金を相手に手渡したと考えます。つまり、いったん収益が実現してすぐに費用あるいは損失が発生したと考えるわけです。

法人税法にこのようなルールがある理由は、益金と損金の性格を別々に考えなければならない点にあります。

たとえば、会社がその土地を役員に贈与した場合、その正当な代金は実現した収益（益金）とし、それを役員に賞与（損金）として支給したと考えます。

このように考えることにより、実際に売却しその代金を賞与として支給した場合との課税の公平性を保つことができるのです。

■ **法人の益金**

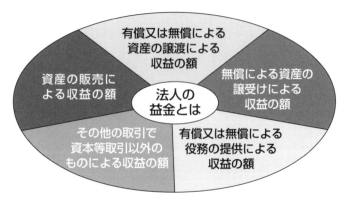

4 法人における損金とは何か

「損金」は原則として企業会計の「費用」と一致する

■ 損金とは

法人税法における「損金の額」は、原則として、「一般に公正妥当と認められる会計処理の基準」に従って計算されます。

つまり、損金の額とは、基本的には企業会計における原価、費用、損失の額（売上原価、給与、支払利息など）ですが、この費用の額に法人税法の目的に応じた一定の調整を加えた金額となります。

法人税法では、損金の額を以下のように規定しています。

① **収益に対応する売上原価、完成工事原価などの原価の額**

棚卸資産の販売、請負などの益金の額に対応する原価を損金の額に算入します。

法人税法も、企業会計におけるいわゆる費用収益対応の原則を求めているということです。

② **販売費、一般管理費その他の費用の額（償却費以外の費用でその事業年度末日までに債務の確定していないものを除く）**

法人税法においても企業会計同様、発生主義により計上した（支出の時点にとらわれず計上した）費用を損金の額に算入するとしています。

しかし、償却費（固定資産の費用化）を除いて債務の確定したものに限るという条件を付け加えています。これは、法人税法においては、企業会計における引当金（将来の損失に備えて、貸借対照表上に計上しておくもの）や費用の見越し計上（まだ実際に支払いが済んでいなくても、実際には費用が発生している場合、損益計算書上には計上すること）を制限するためです。

③ **損失の額で資本等取引以外の取引によるもの**

第2章 ◆ 法人税のしくみ　33

上記①②以外の損失で資本等取引以外のものを、損金の額に含めます。資本等取引とは、「会社の資本（株主などからの出資）の増減」や「利益（収益と費用の差引金額）の分配（配当）」のことですが、これは損金と無関係です。

　法人税法においては、費用を計上する際には、償却費以外の費用は債務の確定しているものに限定しています。なお、債務の確定とは次の要件のすべてに該当することをいいます。
・期末までにその費用に対する債務が成立していること
・期末までにその債務に基づく具体的な給付をすべき原因となる事実が発生していること
・期末までに金額を合理的に算定できること
　企業会計においては、会社の業績を知るために適切な損益計算を行う必要があることから、費用の見越計上や引当金の計上を積極的に行わなければなりません。一方、法人税法が債務確定基準を採用しているのは、課税の公平を図るためです。

■ **法人の損金**

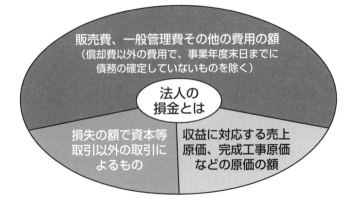

5 税務調整について知っておこう

どのように算出されるのかおさえておく

■ 税務調整の種類

企業会計上の利益から法人税法上の所得を導き出す税務調整には、次の4種類あります。

① **益金算入**

企業会計上の収益として計上されないが、法人税法上は益金として計上することをいいます。(例) 役員への無償譲渡の益金算入額

② **益金不算入**

企業会計上の収益として計上されるが、法人税法上は益金として計上しないことをいいます。(例) 受取配当金の益金不算入額

③ **損金算入**

企業会計上の費用として計上されないが、法人税法上は損金として計上することをいいます。(例) 繰越欠損金の損金算入額

■ 法人税の課税対象

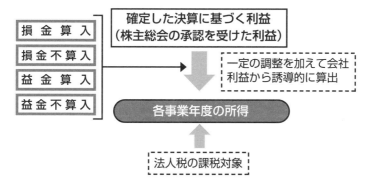

④ 損金不算入

企業会計上の費用として計上されるが、法人税法上は損金として計上しないことをいいます。（例）交際費等の損金不算入額

つまり、企業会計上の「利益」に、企業会計上の「収益・費用」と法人税法上の「益金・損金」の範囲の違うところを「申告調整」によってプラス・マイナスして、法人税法上の「所得」を算出するわけです。結果として、以下のようになります。

■ 所得計算のイメージ

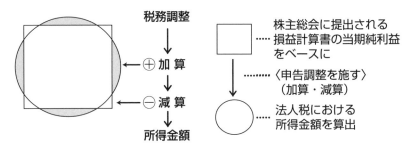

■ 企業利益と課税所得

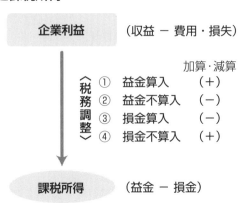

Q 法人税は何に対して課税される税金なのでしょうか。税率についても教えてください。

A 法人税は、3つの所得等に対して課税されます。それは、①各事業年度の所得に対する法人税、②各連結事業年度の連結所得に対する法人税、③退職年金等積立金に対する法人税です。

「各事業年度の所得に対する法人税」は、この3つの中で中心的な存在です。1事業年度において儲けた所得（利益）に対して課税されます。

「各連結事業年度の連結所得に対する法人税」は、連結納税制度適用法人が1連結事業年度の連結所得に対して課税されます。

「退職年金等積立金に対する法人税」は、保険会社などが企業などから集めた退職年金等積立金に対して課税されます。

●**法人税の税率**

各事業年度の所得に対する法人税は、その事業年度の法人の所得（利益）に税率を掛けて求めることになっています。

そして、この税率は、所得税に対して適用される「超過累進税率」ではなく、所得の額にかかわらず一定の税率になっています。具体的な税率は、その法人の種類と資本金の規模及び所得金額によって決められています（次ページ）。法人税の税率は、普通法人の場合一律23.2％です。ただし、期末資本金が1億円以下で、資本金5億円以上の大法人に完全支配されていないような中小法人については、特例として一部に軽減税率が適用されます。人格のない社団等及び公益法人などについては、他の法人と異なり、各事業年度の所得のうち収益事業から生じたものに対してのみ法人税が課税されます。

中小法人等の軽減税率は、平成31年3月31日までに開始する事業年度について適用されます。なお、平成31年度税制改正では、この軽減税率の適用期限が2年延長されています。

第2章 ◆ 法人税のしくみ　　37

●特に高い法人税率が課されることもある

　資本金１億円超の一定の同族会社（49ページ）が一定の限度額を超えて各事業年度の所得を留保した場合には、通常の法人税の他、その超える金額に応じた特別税率による法人税が課税されます。これは、同族会社の場合、役員が賞与や配当を受け取ると所得税や住民税がかかるため、あえて会社に利益を貯めて置き、課税を免れる行為を防ぐための措置です。また、法人が支出した金銭のうち、使途のはっきりしないものは、使途秘匿金の支出額に対して40％の特別税率による法人税が課税されます。

■ 法人税の本則税率（平成30年４月１日以降開始する事業年度）

法人の種類	所 得 金 額 の 区 分		税　率	
			原　則	中小企業者等の特例(注)
普通法人	中小法人	年800万円以下の金額	19%	15%
		年800万円超の金額	23.2%	23.2%
	大法人	所 得 金 額	23.2%	－
協同組合等		年800万円以下の金額	19%	15%
		年800万円超の金額	19%	19%
		特定の協同組合等の年10億円超の金額	22%	22%
公益法人等		年800万円以下の金額	19%	15%
		年800万円超の金額	19%	19%
特定の医療法人		年800万円以下の金額	19%	15%
		年800万円超の金額	19%	19%
人格のない社団等		年800万円以下の金額	19%	15%
		年800万円超の金額	23.2%	23.2%

（注）中小事業者の税率の特例は平成31年3月31日までに開始する事業年度。
　　　なお、平成31年度税制改正では軽減税率の適用期限が2年延長された。

6 税額控除について知っておこう

所得税額控除や政策目的に基づく税額控除などがある

■ 税額控除とは

　納付すべき法人税を計算する際に、法人税の課税所得金額に税率を掛けた法人税額から直接控除するものを**税額控除**といいます。税額控除には、二重課税を排除する目的から設けられているものや、雇用促進等特定の政策目的から設けられているものがあります。

■ 所得税額控除の対象となるものとは

　法人が支払いを受ける利子等や配当等について、所得税法の規定により源泉徴収された所得税額は、法人税の前払いとして、法人税額から控除することができます。これを**所得税額控除**といいます。

　なお、預貯金の利子、公社債の利子、合同運用信託の収益の分配等にかかる所得税額は、元本の所有期間に応じて利子や分配金が決まるため、全額控除の対象になりますが、剰余金の配当、利益の配当、剰余金の分配、投資信託の収益の分配にかかる所得税額は、全額控除対象とはならず、その所得税額のうち元本を所有していた期間に対応す

■ 税額控除の種類

二重課税を排除する目的から設けられているもの	産業育成促進等特定の政策目的から設けられているもの
・所得税額控除 ・外国税額控除	・雇用促進税制 ・環境関連投資促進税制 ・研究開発税制　など

第2章 ◆ 法人税のしくみ　39

る部分の金額だけ控除することができます。ただし、特定目的信託の社債的受益権の収益の分配、公社債等運用投資信託の収益の分配、公社債投資信託の収益の分配にかかる所得税額は全額控除することができます。

外国税額控除とは

　日本の法人税法は、内国法人（国内に本店又は主たる事務所をもつ法人）については、その所得の生じた場所が国内であるか国外であるかを問わず、すべての所得の合計額に課税することとしています。

　一方、その所得が生じた場所が国外である場合には、外国でも課税を受けているのが一般的です。そのため、所得の生じた場所が国外である所得については、日本と外国の双方で課税されますので、国際的な二重課税という問題が生じます。このような国際間における二重課税を排除する目的で、**外国税額控除**が設けられているのです。

　控除できる外国税額には、限度額が設けられています。負担した外国税額のうち、この控除限度額までを、納付すべき法人税から控除できるわけです。なお、税率が一定水準を超えて高率である場合は、その水準を超えている部分については、外国税額控除の対象から除外されます。高率かどうかの目安は35％を超えているかどうかで判定します。

　控除限度額は、控除前の法人税額を基礎に計算します。まず、当期

■ **所得税額控除**

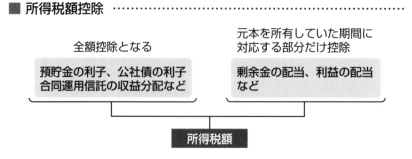

の所得金額のうち国外所得金額の占める割合を算出し、この割合を法人税額に掛けたものが控除限度額です。国外所得金額は、実際には外国で課税されていない所得があれば除外します。つまり、国外所得金額の割合が少なくなるため、控除限度額も少なくなるということです。この限度額を超えない範囲内で、外国税額控除が適用されます。

■ 租税特別措置法による税額控除

この他、その時々の投資促進や雇用促進など政策目的のため、租税特別措置法で臨時的に税額控除を設けることがあります。税額控除は、直接納めるべき法人税額から控除できるものですから非常に有利な規定です。税制改正の際には、改正項目の中に税額控除の内容が盛り込まれているかどうか確認しておくことが大切です。

おもに以下のような税額控除を受けることができる制度があります。
・試験研究費の特別控除
・経営改善設備の特別控除
・雇用者の数が増加した場合の特別控除
・復興産業集積区域等において機械等を取得した場合の税額控除
・中小企業経営強化税制
・中小企業投資促進税制
・国家戦略特別区域において機械等を取得した場合の特別控除など

■ 外国税額控除（控除の対象となる外国法人税額）‥‥‥‥‥‥‥‥

負担した外国税額
　（最大35％まで）

　　　　　　　　少ない方の金額を法人税額から控除

控除限度額
　法人税額 × $\dfrac{\text{国外所得（当期の所得×90％まで）}}{\text{当期の所得（欠損金等控除前）}}$

第2章 ◆ 法人税のしくみ　41

法人税と会社の利益はどのような関係にあるのか

利益が増えれば当然納税額も大きくなる

■ 健全経営と節税対策の両立

　会社としては、税金も「コスト」の一部と考えられますので、1円でも多く節税したいものです。もちろん脱税はいけませんが、「ムダな税金は一切払わない」という節税は、大いに結構なことです。

　会社は、通常1年間を会計期間として、その1年間の利益を計算することになっています。会計期間の始まりを**期首**、終わりを**期末**といいます。会社は、この会計期間の間に稼いだ利益に対して法人税、法人住民税、法人事業税を納付しなければなりません。税金の納付は、原則として決算後2か月以内に行うことになります。ここで気をつけなければならないことは、納付に合わせて、税金分の現金を用意しておく必要があるということです。

　法人税は、会社の確定した決算に基づく利益から計算した所得に税率を掛けて算出されますので、納税額を少なくするためには、この利益を少なくすればよいわけです。

　最終的な利益が計算されるまでの過程としては、まず、売上高から売上原価を差し引いて売上総利益を求め、ここから販売費及び一般管理費を差し引いて営業利益を求めます。

　さらに、この営業利益に営業外収益、営業外費用を加減算して経常利益を求め、最後に特別利益、特別損失を加減算して税引前当期純利益を求めるわけです。したがって、利益を少なくするには、各段階の収益を少なくするか、費用を多くするかのどちらかということになります。

　計算上は確かにそうですが、納税額を少なくするために売上を減少

させたり、経費を増大させたりすると、会社自体の存続が危ぶまれる状態になってしまうのは明白です。現在、どの会社においても「コスト削減」に必死で取り組んでいる中、コストを増大させるようなことを考える会社はないはずです。それよりは売上を増大させる対策を考えて、正しい納税をする方が健全な会社経営だといえます。

税金を減らす方法

ムダな経費を増やすことはいけませんが、上手に税法の規定を利用して、本来その期間の損金にできないものを損金にするという方法はどうでしょうか。これは効果的な節税対策になるはずです。

具体的には、租税特別措置法（経済政策や社会政策のために特別な税のしくみ（措置）を定めたものです。政策的な効果を考えた法律ですので、期限が定めてあります）で臨時的に設けられる制度の利用です。

たとえば、中小企業であれば現在、取得価額が30万円未満の減価償却資産（建物、機械設備など、少なくとも1年以上にわたって使用するが、年月が経過するにつれて、価値が目減りしていくもの）を取得した場合には、取得価額の全額を経費とすることが認められています（合計300万円まで）。本来であれば10万円以上の減価償却資産は資産

■ 健全な会社経営と節税対策

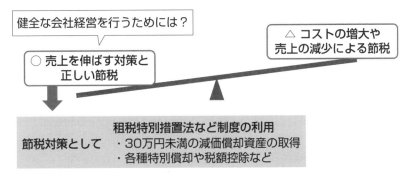

第2章 ◆ 法人税のしくみ　43

に計上して、耐用年数の期間にわたって減価償却費を計上する（10万円以上20万円未満の減価償却資産は3年間均等償却）ものを、即時に償却することができるわけです。

また、租税特別措置法には各種税額控除制度が規定されています。

たとえば、特定の条件を満たす中小企業が、その事業基盤を強化するための一定の機械・装置や器具・備品を取得した場合、その取得価額の7％の税額控除が認められています（取得価額の30％の特別償却との選択制になっており、特別償却を選択しない場合に認められます）。特別償却とは、特定の設備などを購入して使用した場合に、税法で定められたルールどおりに償却を行う普通償却に上乗せして償却ができる制度です。

税額控除の場合には、利益を減らさなくても、経費を増やさなくても、税金だけを減らしてもらえます。設備投資等を考える際に適用対象となる資産を購入するなどの検討が、効果的な節税対策につながるはずです。

■ 税金と利益の関係

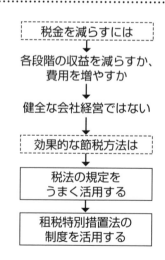

8 連結納税とはどんな納税方法なのか

グループ会社を1つの会社とみて申告納税するものである

■ 連結納税制度とは

連結納税とは、親法人とその親法人による完全支配関係にあるすべての子法人で構成されるグループを1つの納税単位とみなし、親法人がそのグループの所得（連結所得）の金額を1つの申告書（連結確定申告書）に記載して、法人税の申告・納税を行うという制度です。簡単に言うと、親会社と子会社を1つの会社とみなして法人税を計算する方法です。企業再編を税制面から促し、企業の国際的競争力を強化していくために、連結納税制度があります。

連結納税は、グループ全体での選択適用となります。連結納税の適用を受ける親法人及び子法人は、普通法人又は協同組合等（親法人の場合）である内国法人に限られ、適用を受けようとする場合には、申請期限までに親法人及びすべての子法人の連名で、承認申請書を親法人の税務署を通して国税庁長官に提出しなければなりません。

連結納税制度を採用すると、企業グループ内で黒字の所得と赤字の所得を通算して所得を計算できるため、各法人が個別に申告納税するより税負担が少なくなるメリットが考えられます。

たとえば、親会社が1000万円の黒字で子会社が1000万円の赤字だった場合に、通常だと親会社は232万円（平成30年4月1日以降開始する事業年度で適用される23.2%に基づく）の法人税（子会社の法人税額は0円）がかかるのに対し、連結納税だと、親会社の黒字と子会社の赤字が相殺されて所得が0となるため、当期の法人税額は0円となります。

複数の会社の所得を通算することができるというのが連結納税制度

第2章 ◆ 法人税のしくみ　45

の最大のメリットですが、まだまだ普及していません。それは、連結納税制度が従来の法人税法と比較して複雑なため、連結納税制度に関する情報が不足していることが大きな原因です。会社を複数持っている経営者は、連結納税制度について一度検討してみることをお勧めします。大きく法人税が節税される場合があります。

■ 連結所得金額の計算方法

　連結納税制度を選択した場合の、法人所得の計算方法を簡単に見ていきましょう。

　具体的な計算手順は単体の法人で申告する場合とほぼ同じです。各法人の当期利益を基礎に、法人税法上の申告調整（30ページ）を行い、まずは連結所得金額を算出します。その連結所得金額に税率を掛け、税額控除等の法人税法上の税額調整を加えて、連結法人税額を計算します。税率は単体納税の場合と同じです。ただし、親法人が協同組合等又は特定の医療法人の場合、法人所得が年800万以下は16％、年800万円超は20％です。

　申告調整の方法については、大きく分けて3つあります。

① **個別調整項目**

　連結法人ごとに単体法人と同じように調整額を計算します。減価償却（資産の取得原価を費用化していくこと）や貸倒引当金（将来の倒産リスクに備えた費用）などは、この単体調整項目です。

② **全体調整項目**

　連結グループ全体で調整額を計算し、各連結法人へ配分するという調整方法です。たとえば、受取配当金や交際費などの法人税法上の調整は、この全体調整項目です。

③ **連結特有項目**

　連結納税独自の調整項目がある場合に行います。たとえば、連結法人間で取引がある場合、連結所得上は売却益などはなかったものとし

て取り扱われます。ただし対象となる取引は、価額が1000万円以上の固定資産の売却など定められたものに限ります。

なお、減価償却や税額控除など各調整項目について法改正があった場合、当然連結法人にも影響がありますので、注意が必要です。

連結納税制度と連結決算は別物

連結決算と呼ばれるものがありますが、これは連結納税とはまったく別のものです。

連結決算は、親会社が企業集団の経営成績などを総合的に報告するために行うものです。つまり、グループ企業を1つの会社とみなし貸借対照表や損益計算書などの決算書を作成します。単体の決算書ではわからないグループ企業全体の情報を投資家に提供することなどが目的です。連結納税は、企業グループを1つの納税単位として課税するためのものであり、その目的がまったく違います。

また、連結される会社の範囲も異なっています。

■ 連結納税制度

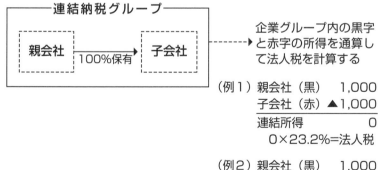

第2章 ◆ 法人税のしくみ　47

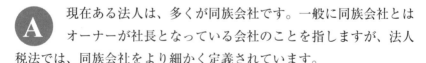

同族会社とはどのような形態の会社をいうのでしょうか。同族会社には法人税法上どのような規制があるのでしょうか。

　　現在ある法人は、多くが同族会社です。一般に同族会社とはオーナーが社長となっている会社のことを指しますが、法人税法では、同族会社をより細かく定義されています。

　３人以下の会社の株主等とそれら株主等と特殊関係にある個人・法人（株主グループ）の持つ株式総数又は出資の合計額が、その会社の発行済株式総数又は出資総額の50％を超える会社を**同族会社**といいます。

　同族会社は、少人数の株主等により支配されていることから、個人的色彩が強く、恣意的な経営が行われやすいため、次に掲げるような規制が設けられています。

●同族会社の行為計算の否認とは

　同族会社は、通常の法人に比べ、恣意的に課税を免れようとする行為が行われやすい環境にあります。こうした行為のうち多くのものには、過大な役員給与の損金不算入など、法人税法で損金算入が認められない規定（否認規定）が設けられていますが、中にはそのいずれにも該当しない行為もあります。そのような行為が、課税上弊害が生じると税務署が判断した場合には、法人のその行為や計算が否認されます。

　つまり、同族会社が行った行為・計算が租税回避（おもに税負担の軽減・回避を図る目的で、通常は考えられないような特殊な取引を行い、租税負担を減少させる行為）につながると認められる場合には、通常の法人が行う行為・計算に引き直して所得計算を行います。したがって、法令上や企業会計上で有効だとしても、法人税法などの趣旨を逸脱し、課税の公平性を不当に害される処理とみられる場合には、税務上は否認されるといったケースも起こり得ます。

●同族会社の留保金課税とは

　同族会社においては、経営者がオーナーである場合が多く、会社に利益が出てもオーナー個人の所得税等のバランスから配当に回すことを避けるため、会社に利益を留保（株主に対する配当などを行わないこと）する傾向が強くなります。

　つまり、利益を配当するとオーナーの所得が増え、所得税が課されてしまうので、それを避けるために利益を留保するわけです。これでは、会社員や個人事業主との課税のバランスがとれませんので、この留保金額が一定金額以上になると、通常の法人税とは別に10％から20％の特別の法人税が課税されます。これを**同族会社の留保金課税**といいます。

　同族会社の留保金課税が課されるのは、特定同族会社（1株主グループの持株割合などが50％を超える会社のこと）が必要以上の利益を内部留保した場合です。

　ただし、特定同族会社であっても、期末資本金額1億円以下で、資本金5億円以上の大法人に完全支配されていないなどの中小企業については、適用対象から除外されています。

■ 同族会社 ………………………………………………………………

```
┌──────────┐          ┌──────────────────┐
│ 同族会社  │          │ 同族会社の留保金課税 │
│          │          └──────────────────┘
│（3人以下の株│ （規制）   一定金額以上の留保金額に 10％〜20％の
│ 主グループの持│ ──────→  特別の法人税を課税する
│ 株割合が 50％│          （※1 株主グループの持株割合が 50％を超える
│ を超える会社）│            同族会社のみ留保金課税の適用あり）
└──────────┘
                        ┌──────────────────┐
                        │ 同族会社の行為計算否認 │
                        └──────────────────┘
                        恣意的な課税回避行為を否認する
```

第2章 ◆ 法人税のしくみ　49

Column

企業会計原則にある７つの一般原則

企業会計原則には、「一般原則」として企業会計の基本となる７つのルールが定められています。

① 真実性の原則

企業会計は、企業の財政状態及び経営成績に関して、真実の報告を提供するものでなければならないというルールです。

② 正規の簿記の原則

企業会計は、すべての取引につき、正規の簿記の原則に従って、正確な会計帳簿を作成しなければならないというルールです。

③ 資本取引・損益取引区分の原則

資本取引と損益取引とを明瞭に区別し、特に資本剰余金と利益剰余金とを混同してはならないというルールです。

④ 明瞭性の原則

企業会計は、財務諸表によって、利害関係者に対し必要な会計事実を明瞭に表示し、企業の状況に関する判断を誤らせないようにしなければならないというルールです。

⑤ 継続性の原則

企業会計は、その処理の原則及び手続を毎期継続して適用し、みだりにこれを変更してはならないというルールです。

⑥ 保守主義の原則

企業の財政に不利な影響を及ぼす可能性がある場合には、これに備えて適当に健全な会計処理をしなければならないというルールです。

⑦ 単一性の原則

株主総会提出や法定公告、融資などの信用目的、租税目的のためなど、さまざまな目的のために異なる形式の財務諸表を作成する必要がある場合、それらの内容は、信頼できる会計記録に基づいて作成されたものであって、政策的な目的で事実の真実な表示をゆがめてはならないというルールです。

第3章
法人税の実務

1 収益・費用の計上のタイミングを知っておこう

発生主義の原則と実現主義の原則によって計上される

■ 発生主義の原則とはどのような考え方なのか

　会社のすべての費用及び収益は、その支出や収入に基づいて計上し、その発生した期間に正しく割り当てられるように処理しなければなりません。これが発生主義の原則と呼ばれるもので、**企業会計原則**（50ページ）に規定されています。そして、前払費用及び前受収益は、当期の損益から除き、未払費用及び未収収益は、当期の損益計算に含めなければならないとしています。

　費用には、現金の支払いとサービスの提供の時期にズレが生じることがあります。この支払日とサービスのズレが決算期をはさんでいる場合に、前払費用と未払費用が計上されます。**前払費用**とは、継続的に受けるサービスより前に支払いをしている場合です。たとえば、今期中に来期の分まで家賃を支払っている場合でも、来期の期間に対応する家賃は前払費用として当期の費用にはできません。**未払費用**とは、継続的にサービスを受けているのに支払いがなされていない場合です。この場合、未払いであっても今期中に受けたサービスに対応する費用は未払費用として当期の費用に計上しなければなりません。未収収益も前受収益も、費用の場合と同様の考え方で計上されるものです。つまり、発生主義とは、現金主義（現金の受取りや支払った時に収益や費用を計上する）ではなく、発生という観点から費用及び収益を計上するという会計処理の考え方です。

■ 実現主義とはどのような考え方なのか

　「企業会計原則」などでは、商品等の販売は実現したものに限ると

規定しています。これを**実現主義の原則**といいます。つまり、売上などの収益については、発生しているだけではダメで、実現していなければ計上できないということです。たとえば、物の引渡しを要するものは「引渡しのあった日」、役務の提供を要するものは「役務の提供の完了した日」に収益の実現があったものとして計上します。

　「引渡しのあった日」をいつの時点とするかは、商品等の性質、取引の形態等によって違いがあり、次の①〜④の計上基準から選択し、毎期継続適用しなければなりません。ただし、平成33年4月1日以降開始する事業年度より、新しい売上計上基準である「収益認識に関する会計基準」が、会計監査を受けていない一部の中小企業を除き強制適用されます。この基準は、顧客にとって商品などの「資産に対する支配を獲得した時」に売上を計上すると定めているため、取引条件によっては従来の処理方法の見直しが必要な場合があります。

① 　出荷基準（商品の出荷時）

② 　検収基準（相手方の検収時）

③ 　使用収益開始基準（相手方が使用収益することができることとなった日）

④ 　検針日基準（検針等により販売数量を確認した時）など

■ 収益・費用の計上時期

発生主義 ---- 現金主義で計上するのではなく、発生した期間に正しく割り当てる会計処理

実現主義 ---- 収益が実現した時点で計上する会計処理

（実現の日）
- 物の引渡しを要するもの → 引渡しのあった日
- 役務の提供を要するもの → 役務の提供の完了した日

引渡しのあった日
※毎期継続適用する
- 出荷基準
- 検収基準
- 使用収益開始基準
- 検診日基準

第3章 ◆ 法人税の実務　　53

2 益金の範囲について知っておこう

「別段の定め」を除き、企業会計における収益が「益金」となる

■ 益金の範囲はどこまでか

法人税法では、益金の額に算入すべき金額は、「別段の定め」があるものを除き、次に掲げる金額とすると規定しています。

① 資産の販売による収益の額

② 有償又は無償による資産の譲渡による収益の額

③ 有償又は無償による役務（サービス）の提供による収益の額

④ 無償による資産の譲受けによる収益の額

⑤ その他の取引で資本等取引以外のものによる収益の額

つまり、「別段の定め」があるものを除き、資本等取引以外の損益取引（損益に関係する取引）から生ずる収益が益金の額になります。このように、法人税法上の益金は、「別段の定め」を除けば、企業会計上の収益と何ら変わりがありません。ここで言う資本等取引とは、会社の資本金の額の増加が生じる取引や剰余金の分配を受けた場合などをいい、これらは損益取引に含めるものではないので、除外しています。

また、法人税法は、会社の確定した決算を基礎に、課税の公平や諸政策等に基づく独自の調整項目による調整を行って、「所得金額」を計算するしくみになっています。この調整項目を税法では、「別段の定め」として規定しています。益金の額を計算する上での「別段の定め」があるものは、「益金算入」と「益金不算入」です。

益金算入とは、企業会計上の収益として計上されていないが、法人税法上益金として計上するものです。会社更生計画に基づいて行う評価換えに伴う評価益などがあります。

54

一方、**益金不算入**とは、企業会計上の収益として計上しているが、法人税法上益金としては計上しないものです。受取配当等の益金不算入、資産の評価益の益金不算入、還付金等の益金不算入などが代表的です。

　受取配当等の益金不算入は、配当の支払法人と受取法人の二重課税を避けるために設けられているものです。つまり、法人が支払う配当金については、支払法人側ですでに法人税が課税されているため、配当を受け取った法人側で益金に算入すると、配当の支払法人と受取法人の二重課税という問題が生じるわけです。

　資産の評価益の益金不算入とは、通常、法人税では資産の評価益の計上を認めないというものです。資産の評価益とは、資産の評価を見直して、帳簿価額から市場価格等に計上し直した場合に発生する収益をいいます。これは、債権者保護等の観点から会社の資本を充実させようとする会社法などの基本的な考え方に基づいています。

　還付金等の益金不算入とは、法人税・住民税の本税等は損金不算入ですので、損金に算入されない税金が還付された場合は、逆に益金に算入されないというものです。

■ 益金の範囲 ……………………………………………………

- 資産の販売による収益の額
- 有償又は無償による資産の譲渡による収益の額
- 有償又は無償による役務の提供による収益の額
- 無償による資産の譲受けによる収益の額
- その他の取引で資本等取引以外のものによる収益の額

＋

- 別段の定め（益金算入、益金不算入）

第３章 ◆ 法人税の実務　　55

3 損金の範囲について知っておこう

「別段の定め」を除き、企業会計における費用が「損金」である

損金の範囲はどこまでか

　法人税法では、損金の額に算入すべき金額は、「別段の定め」があるものを除き、次に掲げる金額とすると規定しています。

① 　その事業年度の売上原価、完成工事原価等の原価の額

② 　その事業年度の販売費、一般管理費その他の費用の額（償却費以外の費用でその事業年度終了の日までに債務の確定しないものを除く）

③ 　その事業年度の損失の額で資本等取引以外の取引に係るもの

　①は企業会計上の売上原価その他の原価の額、②は企業会計上の販売費及び一般管理費、営業活動以外で経常的に発生する営業外費用、③は企業会計上の臨時的に発生した特別損失のことです。つまり、「別段の定め」があるものを除き、資本等取引以外の損益取引から生ずる費用や損失が損金の額になります。

　このように、法人税法上の損金は、「別段の定め」を除けば、企業会計上の費用や損失と何ら変わりがありません。

　ここで言う資本等取引とは、会社の資本金の額の減少が生ずる取引や剰余金の分配などをいいます。簡単にいえば、会社の行う減資や利益の配当に係る取引を指します。これらは、損益取引に含めるものではありませんので、除外しているのです。

損金の範囲にも「別段の定め」がある

　法人税法は、会社の確定した決算を基礎に、課税の公平や諸政策等に基づく独自の調整項目による調整を行って、「所得金額」を計算するしくみをとっています。

税法では、この調整項目を「別段の定め」として規定しています。損金の額を計算する上での「別段の定め」があるものは、「損金算入」と「損金不算入」です。

　損金算入とは、企業会計上の費用として計上されていないが、法人税法上損金として計上することです。具体的には、この項目には、①国庫補助金等で取得した固定資産等の圧縮額、②災害により生じた損失に係る欠損金額、③収用換地処分等の特別控除、④繰越欠損金などがあります。

　一方、**損金不算入**とは、企業会計上の費用として計上しているが、法人税法上損金としては計上しないものです。この項目には、①減価償却資産及び繰延資産の償却超過額、②資産の評価損（一定の場合を除く）、③寄付金及び交際費等の損金算入限度超過額、④法人税、住民税、罰金等、⑤各種引当金の繰入限度超過額、⑥役員賞与、役員報酬、役員退職金の過大支払分などがあります。

■ 損金算入における別段の定め

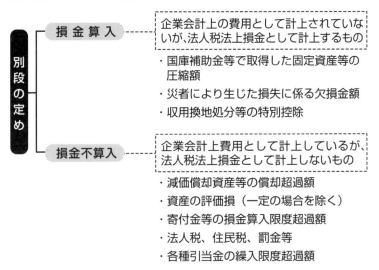

第3章 ◆ 法人税の実務　　57

たとえば、③の寄付金及び交際費等の損金不算入ですが、企業がその事業を営む際に、交際費や寄付金を支出することはほとんど不可避と考えられます。したがって、企業会計上、交際費や寄付金の支出が費用となることについては特に問題はありません。

　これに対して、法人税法上、交際費及び寄付金については、本来損金算入すべきでないと考え、その全部又は一部が損金不算入となる制度が設けられています。交際費課税の目的は、できる限り会社の冗費（ムダな費用）を節約することです。具体的には、後述の中小法人以外の大法人の交際費は、飲食費の50％を除き全額損金不算入となります。中小法人の場合、飲食費の50％か、飲食費以外も含めた合計800万円を限度として損金算入できます。

　寄付金の場合は、寄付をした先によって損金算入できる金額が変わります。国、又は地方公共団体への寄付金や、財務大臣が指定した寄付金は、全額が損金算入できますが、それ以外の寄付金は、一部を損金算入できます。しかし、損金算入できる金額は非常にわずかしか認められていません。

　寄付金課税の目的は、課税の公平を達成することです。また、このような支出に歯止めをかけることによって、税収を確保することも大きな目的です。

　申告調整の際、損金算入は利益から「減算」して、損金不算入は利益に「加算」して、所得金額を計算します。

　企業会計上の費用は、収益と比べて、法人の自主的な判断や見積もり等が入りやすい要素が多くあるため、その処理方法によっては費用の計上額が大きく変わります。したがって、法人税法では、税収の安定的な確保等の観点から、益金よりも損金に「別段の定め」の規定を多く設けています。

4 売上原価とはどのようなものなのか

―会計期間に販売された商品の仕入原価である

■ 売上原価とは販売した商品の仕入原価の合計である

　売上原価とは一会計期間の商品の売上総額に占める仕入れの価格の総額のことです。一会計期間に仕入れた商品の仕入高がすべて売上原価となるのではありません。期末に残っている商品は在庫となり、商品として資産計上されますので、販売された商品に係る仕入れ価格の総額が売上原価となります。この関係を算式で示せば以下のとおりです。

　売上原価　＝　期首商品棚卸高　＋　当期商品仕入高　－　期末商品棚卸高（商品の数量×単価）

　この算式において、期首商品棚卸高は前の期間で算出した金額を、当期商品仕入高は購買実績をもとに求めることができます。そこで、期末商品棚卸高が算出されれば一会計期間の売上原価が算出できることになります。期末商品棚卸高を算出する方法には、3通りあります。

① **継続記録による方法**

　商品ごとに仕入計上の記録（数量と単価）をすると共に、出荷の時点（その商品の売上が計上されたとき）にその払出数量と金額を記録しておく方法です。

　一会計期間の全商品の払出金額合計が、その会計期間の売上原価となります。個々の商品の仕入値は、一定している場合もあれば常時変動する場合もあります。出荷商品の原価を把握するためには、その商品にどの時点の仕入値をつけるかが問題となります。方法としては、先入先出法・移動平均法などが一般的に使われています。

第3章 ◆ 法人税の実務　59

② 実地棚卸による方法

　期間中は受払いの管理はせず、期末に実地棚卸を行い、実際に商品を数え、それに一定の仕入値を掛けることで在庫金額を把握します。

③ 継続記録による方法と実地棚卸による方法の併用

　実地棚卸による方法のみでは、商品のロス部分なども自動的に売上原価に含まれてしまい、正常な売上原価との区別ができなくなる可能性があります。したがって、継続記録による方法と実地棚卸を併用して、本来の在庫金額と実地棚卸高との差異を明らかにすることにより、精度の高い在庫管理が可能となります。

　しかし、中小零細企業の場合、実地棚卸のみで在庫金額を把握しているのが実情です。個々の在庫の単価は「最終仕入原価法」といって、実地棚卸日から一番近い時点に仕入れたときの単価を使っていますので、実地棚卸日の直前に商品単価が異常に変動した場合には、在庫として残っている正常な仕入単価による商品も異常な単価で評価されてしまうという問題点があります。

■ 売上原価の算出方法

商品や在庫などの棚卸資産の評価によって利益が違ってくるように思います。評価方法にはどのようなものがあるのでしょうか。

決算時期になると、スーパーなどで「棚卸作業のため、本日の営業時間は…」という広告を見かけます。

棚卸の目的は、商品の在庫を調べるということと同時に、「売上原価」を確定させるという目的があります。「売上高」に対応する「売上原価」は、［期首商品棚卸高＋当期商品仕入高－期末商品棚卸高］で求めることができるので、期末商品の棚卸高をいくらにする（いくらで評価する）かによって売上原価の金額が違ってきます。

売上原価が違ってくるということは、「売上総利益（粗利）」に影響を与えるということです。売上総利益（粗利）は、売上高から売上原価を差し引いて求めるからです。

このように、期末商品の評価額によって利益が違ってきますので、税法では、この棚卸資産の評価方法の種類を定めていて、税務署にどの評価方法を採用するか届け出るようにしています。

●**棚卸資産の評価方法はいろいろある**

税法では、棚卸資産の評価方法を「原価法」と「低価法」に大別し、さらに「原価法」を6つに区分しています。具体的には①個別法、②先入先出法、③総平均法、④移動平均法、⑤最終仕入原価法、⑥売価還元法の6つです。「低価法」とは、「原価法」により算出した取得価額と時価のいずれか低い価額をもってその評価額とする方法です。

一方、企業会計上は、トレーディング目的で保有する場合は時価で評価し、通常の販売目的で保有する場合は取得価額と正味売却価額（時価から見積追加製造原価及び見積販売直接経費を控除した額）のいずれか低い価額で評価するため、会計と税法で処理に差が生じる場合には税務調整が必要になります。

■ 棚卸資産の評価方法

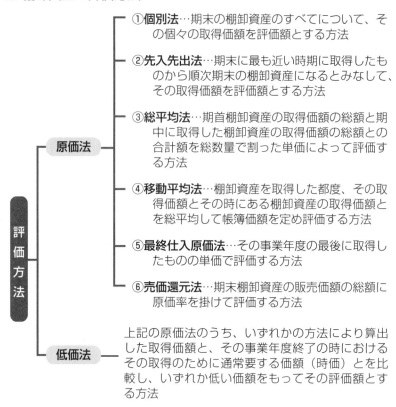

評価方法
- 原価法
  - ①個別法…期末の棚卸資産のすべてについて、その個々の取得価額を評価額とする方法
  - ②先入先出法…期末に最も近い時期に取得したものから順次期末の棚卸資産になるとみなして、その取得価額を評価額とする方法
  - ③総平均法…期首棚卸資産の取得価額の総額と期中に取得した棚卸資産の取得価額の総額との合計額を総数量で割った単価によって評価する方法
  - ④移動平均法…棚卸資産を取得した都度、その取得価額とその時にある棚卸資産の取得価額とを総平均して帳簿価額を定め評価する方法
  - ⑤最終仕入原価法…その事業年度の最後に取得したものの単価で評価する方法
  - ⑥売価還元法…期末棚卸資産の販売価額の総額に原価率を掛けて評価する方法
- 低価法…上記の原価法のうち、いずれかの方法により算出した取得価額と、その事業年度終了の時におけるその取得のために通常要する価額（時価）とを比較し、いずれか低い価額をもってその評価額とする方法

※企業会計上は、トレーディング目的保有の場合は時価法、通常の販売目的保有の場合は取得価額と正味売却価額のうち低い価額で評価

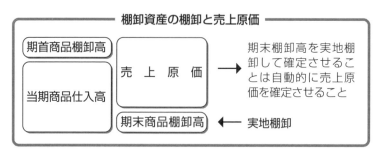

棚卸資産の棚卸と売上原価

期末棚卸高を実地棚卸して確定させることは自動的に売上原価を確定させること

実地棚卸

62

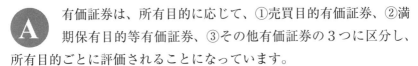

　有価証券は、所有目的に応じて、①売買目的有価証券、②満期保有目的等有価証券、③その他有価証券の３つに区分し、所有目的ごとに評価されることになっています。

　①売買目的有価証券に該当するのは、トレーディング業務を日常的に行う専門部署が特定の取引勘定（特定の目的のために別枠を設けて資金を出し入れするための項目）を設けて売買を行う場合の有価証券です。具体的には、おもに金融機関が適用の対象となります。また、一般の事業会社が短期的な有価証券投資を活発に行い、そのことがわかる勘定科目を設けている場合も売買目的有価証券に該当します。

　②満期保有目的等有価証券には、「償還期限の定めのある有価証券のうち満期まで保有する目的で取得したもの」の他、「企業支配株式」といわれる有価証券が該当します。「企業支配株式」とは、株式会社の特殊関係者等が保有する株式のことで、発行済株式総数の20％以上を保有する場合のその株式のことをいいます。

　③その他有価証券は、売買目的有価証券にも満期保有目的等有価証券にも該当しない有価証券をいいます。一般の事業会社において、売買目的有価証券に区分される有価証券が少ないことを考えると、多くの有価証券がこれに該当することになります。

●**有価証券の評価方法は種類によって異なる**

　売買目的有価証券の評価方法は、「時価法」（期末時点の価格による評価法）によります。満期保有目的等有価証券の評価方法は、「償還期限・償還金額の定めのある有価証券」と「企業支配株式」とでは異なっています。その評価方法は、償還期限・償還金額の定めのある有価証券が「償却原価法」（額面の金額と違う価格で取得した場合にそ

の差額を満期までの期間に配分する評価法)、企業支配株式が「原価法」
(取得時の値段で評価する方法) です。「その他有価証券」の評価は「原
価法」により行われます。

　なお、法人の有する有価証券のうち「上場有価証券」について「価
額の著しい低下」があった場合、「上場有価証券以外の有価証券」に
ついて「発行法人の資産状態が悪化したため、価額の著しい低下」が
あった場合には、有価証券の評価損の損金算入が認められます。

　一方、企業会計上の有価証券の区分は、ⓐ売買目的有価証券、ⓑ満
期保有目的の債券、ⓒ子会社株式及び関連会社株式、ⓓその他有価証
券の4つであり、評価方法も法人税法と若干異なっています。

　たとえば、企業会計上は、その他有価証券の評価は時価法で行い、
時価と取得原価との評価差額については、次のいずれかの方法で処理
することが求められています。

・評価差額の合計額を貸借対照表の純資産に直接計上する
・時価が取得原価を上回る銘柄に係る評価差益は貸借対照表の純資産
　に直接計上し、時価が取得原価を下回る銘柄に係る評価差損は損益
　計算書に評価損として計上する

■ **有価証券の評価方法** ··

所有目的により評価方法が決まる

| 売 買 目 的 有 価 証 券 | -------------------------- 時価法 |

| 満期保有目的等有価証券 | 償還期限・償還金
額のある有価証券 | 償却
原価法 |
| | 企業支配株式 -------- 原価法 |

| そ の 他 の 有 価 証 券 | -------------------------- 原価法 (※) |

※企業会計上は時価法

64

5 減価償却について知っておこう

その年度の損益を適正に算出するのが目的である

■ 減価償却とは

　建物、機械、車両運搬具など、会社が長期にわたって事業に使用する資産を**固定資産**といいます。これらの固定資産は、時の経過や使用状況によって古くなったり、性能が落ちたりするため、徐々にその資産の価値が減少します。このような資産を**減価償却資産**といいます。減価償却資産には、建物や機械のような形のある資産（有形固定資産）以外にも、たとえば特許権やソフトウェアなど、形のない資産（無形固定資産）も含まれます。

　減価償却資産の取得価額は、その使用した全期間に獲得した収益に対応する費用と考えられることから、消耗品を購入したときのように、購入したときに全額を費用にすることは、適正な期間損益を計算する上で妥当な方法ではないとして認められていません。

　処理方法としては、まず、取得したときに取得価額で資産計上し、価値の減少分を、その資産を使用する各期間に費用として配分します。この毎年費用化していく手続きが**減価償却**です。ただし、土地や借地権、電話加入権、書画骨董などのように、時が経過してもその価値が減少しないものについては、減価償却をすることはできません。

　減価償却費を各会社の自由にまかせると、著しく課税の不公平を生じさせることにつながりますので、税法では、減価償却の方法に一定のルールを設けています。つまり、資産の種類と使用目的により、「耐用年数等に関する省令」で法定耐用年数を定めています。また、資産の種類ごとに選択できる減価償却の方法を定めることによって、課税の公平を保ち、恣意性を排除しているわけです。

第３章 ◆ 法人税の実務　　65

減価償却によって費用化されるときには、実際のキャッシュの支出はありませんので、費用が計上されてもその分のキャッシュは残ります。このように減価償却には、会計上の利益を減少させ、かつ資金の社外流出がないため、キャッシュを残すことができるという効果をもっています。

■ 定額法と定率法が最も一般的である

　減価償却の方法には、定額法・定率法・生産高比例法・リース期間定額法がありますが、償却方法として一般的なのは「定額法」と「定率法」です。

　定額法は、毎年の償却費が一定となる計算方法です。償却費は、資産の取得価額を基本にして、これに償却率を掛けて計算します。ただし、平成19年3月31日以前に取得した資産の場合は、取得価額から残存価額（取得価額の10％）を控除し、償却率を掛けて計算します。

　定率法は、初年度の償却費が最も多く、期間の経過に従って償却費が年々逓減（減少）する方法で、取得価額からすでに償却した累計額を控除した未償却算残高に償却率を掛けて計算します。

■ 減価償却とは

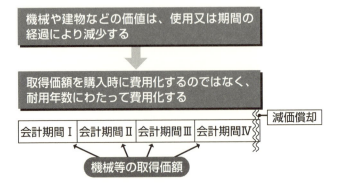

なお、新たに設立した法人は、その設立事業年度の確定申告書の提出期限までに選択した償却方法を税務署に届け出ることになっています。また、平成10年4月1日以降に取得した建物については定額法を、平成28年4月1日以降に取得した建物附属設備及び構築物については法人税法上は定額法を適用することになっています（鉱業用については定額法と生産高比例法との選択適用）。

少額の減価償却資産

　取得価額が10万円未満の資産や、1年未満で消耗してしまうような資産については、少額減価償却資産として、事業に使った年度の費用として全額損金に算入させることができます。

税務上の特別な償却方法

　法人税法上では、会計の考え方に基づいた償却方法の他に、経済対策、少子化対策など政策上の理由から、取得価額を特別に損金算入させることができる場合があります。

■ 減価償却資産の例

有形固定資産
- ❶ 建物及びその附属設備
- ❷ 構築物
- ❸ 機械及び装置
- ❹ 船舶
- ❺ 航空機
- ❻ 車両及び運搬具
- ❼ 工具、器具及び備品

無形固定資産
- ❶ 特許権
- ❷ 実用新案権
- ❸ 意匠権
- ❹ 商標権
- ❺ ソフトウェア
- ❻ 営業権

第3章 ◆ 法人税の実務　67

6 資本的支出と修繕費について知っておこう

資本的支出は使用可能期間の延長、価値の増加をもたらす支出である

■ 資本的支出と修繕費はどう違うのか

　建物・車両運搬具・工具器具備品等は、使用していると故障したり破損したりします。これらの症状をなるべく少なくするためには、定期的な管理あるいは改良などが必要となってきます。

　修繕費とは、今までと同様に使用するために支出する修理・維持管理・原状回復費用等をいいます。

　資本的支出とは、その資産の使用可能期間を延長させたり、又はその資産の価値を増加させたりするために支出した金額をいいます。つまり、これは修理というより改良・改装等という言葉が合うものと考えてください。

　たとえば、建物の避難階段の取付のように物理的に付加した部分にかかる金額、用途変更のための模様替えのように改装・改造に要した費用、機械の部品を取り替えることにより品質、性能をアップさせる費用などです。

　修繕費は、各事業年度において、その支出した全額を損金の額に算入します。

　資本的支出は、その支出する日の属する事業年度の所得金額の計算上、損金の額に算入することはできません。ただし、その資本的支出の金額は、固定資産計上して減価償却資産の減価償却費として損金経理（損金額への算入にあたって、あらかじめ法人の確定した決算において、費用又は損失として経理を行うこと）により計算した場合には、その部分を通常の減価償却費と同様に損金の額に算入できます。

■ 資本的支出と修繕費をどうやって区別するのか

　実務上、その使用可能期間の延長分や資産の価値増加部分を判断することは困難な場合が多いため、次の判断基準が設けられています。

① 　少額又は周期の短い費用の損金算入

　1つの修理、改良等が以下のどちらかに該当する場合には、その修理、改良等のために要した費用の額は、修繕費として損金経理をすることができます。

・1つの修理、改良等の費用で20万円に満たない場合
・その修理、改良等がおおむね3年以内の期間を周期として行われることが明らかである場合

② 　形式基準による修繕費の判定

　1つの修理、改良等のために要した費用の額のうちに資本的支出か修繕費かが明らかでない金額がある場合において、その金額が次のどちらかに該当するときは、修繕費として損金経理をすることができます。

・その金額が60万円に満たない場合
・その金額がその修理、改良等に係る固定資産の前期末における取得価額のおおむね10%相当額以下である場合

■ 資本的支出と修繕費

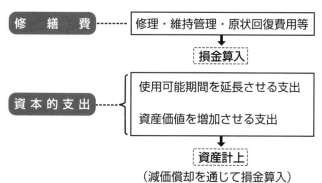

第3章 ◆ 法人税の実務

7 減価償却の方法について知っておこう

定額法、定率法、生産高比例法、リース期間定額法の4種類がある

■ 減価償却の方法は法人か個人かによって異なる

　減価償却の方法は、法人と個人で違いがあります。

　個人の場合は、強制償却といって、必ず償却限度額を減価償却費として、必要経費に算入しなければなりません。

　法人の場合は、任意償却といって、計算した償却限度額以内の減価償却費の計上であれば、ゼロつまり減価償却費を計上しなくてもかまいません。ただし、今期計上しなかった不足分を翌期に計上することはできません。

■ 法人税法上の減価償却方法は4種類ある

　法人税法では、資産の種類によって、以下の4種類の償却方法を定めています。

① 定額法

　減価償却資産の取得価額に、償却費が毎期同額となるように定められた資産の耐用年数に応じた償却率を掛けて計算した金額を、各事業年度の償却限度額とする方法です。平成19年3月31日以前に取得した資産については、償却限度額は、取得価額から残存簿価10%を控除した金額に償却率を掛けて計算します。

② 定率法

　減価償却資産の取得価額（2年目以後は取得価額からすでに損金経理した償却累計額を控除した金額）に、償却費が毎期一定の割合で逓減するように定められた資産の耐用年数に応じた償却率を掛けて計算した金額を、各事業年度の償却限度額とする方法です。

なお、平成19年4月1日以降平成24年3月31日までに取得した場合は「250％定率法」、平成24年4月1日以降に取得した場合は「200％定率法」という方法によって減価償却を行います。「○％定率法」とは、定額法の償却率の○％を定率法の償却率として使用するという意味です。たとえば、耐用年数が10年の定額法の償却率は0.1ですが、200％定率法の場合には0.2（0.1×200％）を使用することになります。さらに、その期の償却額が償却保証額（取得価額×保証率）を下回ってしまう場合には、その償却額は使用せずに、下回ったその期の期首の未償却残高を取得原価と見立てて、改訂償却率を使用して、定額法と同様の計算方法によってその期以降の減価償却費を算定します。

③　生産高比例法

　鉱業用の減価償却資産と鉱業権についてだけ認められている方法で、その事業年度の採掘量を基準として償却限度額を計算する方法です。

④　リース期間定額法

　リース期間を償却年数として、リース資産の取得価額から残価保証額を控除した残額をリース期間で各期に均等に償却する方法です。

■ 減価償却の方法 ……………………………………………

償却方法	償却限度額の算式		
定額法	取得価額 × 耐用年数に応じた定額法の償却率 ※平成19年4月1日以降取得分		
定率法	（取得価額－既償却額）× 耐用年数に応じた定率法の償却率		
生産高比例法	$\dfrac{\text{取得価額}-\text{残存価額}}{\substack{\text{耐用年数と採堀予定年数のうち}\\\text{短い方の期間内の採堀予定数量}}}$ × 採堀数量		
リース期間定額法	$\left(\begin{array}{c}\text{リース資産}\\\text{の取得価額}\end{array}-\begin{array}{c}\text{残価}\\\text{保証額}\end{array}\right)\times\dfrac{\text{当該事業年度のリース期間の月数}}{\text{リース期間の月数}}$		

第3章 ◆ 法人税の実務　　71

損金経理要件を満たさなければ損金に算入されない

　法人税法上、減価償却費として各事業年度の所得金額の計算上、損金の額に算入される金額は、確定した決算において減価償却費として損金経理をした金額のうち償却限度額に達するまでの金額とされています。

　損金経理の要件とは、企業会計で費用又は損失として計上していないものは、法人税法上も損金算入できないというルールです。つまり、損金として認めてもらうためには、企業会計上の決算の際に必ず費用計上している必要があるということです。ある特定の支出に関して適用が義務付けられています。企業の意図的な税金調整を防ぐのが目的です。

　減価償却費の他には、たとえば、役員退職金、資産の評価損などに関しても、決算で費用又は損失計上していなかった場合には、法人税の申告の際に申告調整（企業会計を、税金を計算するための会計に修正する際に損金に入れる行為）しても認められません。損金経理を適用される費用項目は、上記の他にもあり、いずれも、税法で具体的に定められています。

　一方、税法上、損金経理の適用を義務付けられていない支出に関しては、法的に債務が確定していれば、決算で費用計上していなくても、申告調整によって損金算入が認められます。つまり、税法で損金経理の適用を義務付けられていない支出の場合は、何もしなくても、法的にはすでに損金として認められているということです。

リース取引の取扱い

　リース取引とは、以下①②の要件を満たすものをいいます。

① 　リース期間中の中途解約が禁止である、又は中途解約をした場合の未経過期間リース料のおおむね全部（90％以上）を支払うものである

② 賃借人がリース資産からの経済的な利益を受けることができ、か
つ、資産の使用に伴って生ずる費用を実質的に負担すべきとされて
いる

　このようなリース契約を締結した場合、法人税法上は売買処理とし
て取り扱われます。資産を購入するということは、その取得原価に対
して減価償却を行うことになるわけですが、この時に用いられる計算
方法は、そのリース資産の所有権が最終的に賃貸人のものになるのか
どうかで異なります。償却額は、所有権移転リース取引の場合、その
資産に応じて定額法、定率法、生産高比例法を用いて計算します。所
有権移転外リース取引の場合、リース期間定額法を用いて計算します。

　ただし、リース契約１件当たり300万円以下の所有権移転外リース
取引、リース期間が１年以内の取引、上場企業等以外の中小企業の
リース取引については、賃貸借処理が認められています。要するに、
支払ったリース料を損金として算入できるということです。

　次に、所有権が移転するのかどうかの判定方法ですが、以下の@〜
@のいずれかに該当する場合は所有権移転リース、いずれにも該当し
ない場合は、所有権移転外リースです。

ⓐ　リース期間終了時又は期間の中途において、リース資産が無償又
は名目的な対価で賃借人に譲渡される

ⓑ　賃借人に対し、リース期間終了時又はリース期間の中途において、
リース資産を著しく有利な価額で買い取る権利が与えられる

ⓒ　リース資産の種類、用途、設置の状況から、その賃借人のみに使
用されると見込まれるもの又はその資産の識別が困難であると認め
られるもの

ⓓ　リース期間が、リース資産の耐用年数と比較して相当短いもの
（耐用年数の70％を下回るなど）

　所有権移転外リースに該当する場合、特別償却など一定の制度の適
用が受けられないので、注意が必要です。

第３章 ◆ 法人税の実務　　73

特別償却と割増償却

　法人税では、一般的な減価償却の方法以外にも、特別償却、割増償却という方法が認められる場合があります。いずれも会計上の根拠はなく、設備投資を促す、子育て環境を支援する、など政策上の目的で特別に認められた償却方法です。現在適用のある特別償却や割増償却の制度はさまざまですが、いずれも通常の減価償却費より多めに損金算入することができ、適用した法人の納める税金が設備投資の初期段階で少なくなるようなしくみになっています。

　特別償却とは、一般的な減価償却方法に加えて一定の償却費を特別に損金算入できる方法をいいます。

　特別償却の具体例を挙げてみますと、**中小企業投資促進税制**があります。これは、中小企業が一定要件を満たす設備投資を行った場合に、税制面での優遇措置を受けることができるという制度です。優遇措置としては、特別償却又は税額控除のいずれかを選択するという方法で行われます。特別償却を選択した場合、資産を取得した年に全額損金算入をすることができます。税額控除については252ページで説明しますが、いずれも中小企業の設備投資を後押しするための制度といえます。

　割増償却とは、通常の計算方法による減価償却額に一定率を掛けた額を加算して割増で損金に算入できる方法をいいます。具体例を挙げてみますと、**企業主導型保育施設用資産の割増償却**という制度があります。これは、幼児向けの保育施設の新設又は増設や、滑り台・ブランコ等の遊戯用の構築物、遊戯具・家具等の器具及び備品の取得等を行った場合に適用されます。償却限度額は、普通償却額の12％増し（建物及びその付属設備並びに構築物は15％増し）となります。

　これらの制度を利用すると、税制面でも非常に有利になります。手続上、添付書類や証明書を準備する必要がある場合もありますので、新しい資産を取得した際には、該当する制度はないか確認しておくと

よいでしょう。

中小企業者の特例

　中小企業者には、減価償却に関する特例が設けられています。取得価格が30万円未満の減価償却が必要な資産（建物、機械設備など、少なくとも1年以上にわたって使用するが、年月が経過するにつれて、価値が目減りしていくもの）を取得した場合には、取得価格の全額を経費として扱うことができます。これを**少額減価償却資産**といいます。ただし、経費扱いできる合計金額には上限があり、300万円までです。たとえば25万円の備品を12個購入した場合、全額損金算入できるというわけです。ただし、27万円の備品を12個購入した場合、合計で324万円となるわけですが、11個分297万円が損金算入の限度額となります。したがって、12個目のうち3万円だけ、などというような部分的な適用を行うことはできません。

　なお、当期が1年に満たない場合、300万円のうち12分の月数が限度額となります。

　特例の対象となる中小企業者とは、青色申告書を提出する資本金1億円以下の法人で、資本金1億円超の大規模法人に発行済株式の50%以上保有されていないなど、一定要件を満たす法人をいいます。

　この制度は、平成32年3月31日までに事業に使用した資産に適用されます。

一括償却資産

　一括償却とは、取得価額が20万円未満の事業用資産をすべて合算して、償却期間36か月で損金に算入していくことをいいます。要するに、取得価額総額の3分の1ずつを毎年均等に費用化していくということです。一括償却の対象となる資産を一括償却資産といいます。一括償却は、青色申告書を提出していない場合にも適用できます。

第3章 ◆ 法人税の実務　　75

8 耐用年数について知っておこう

固定資産の種類、用途、細目ごとに決められている

■ 法定耐用年数とは

耐用年数とは、資産が使用（事業の用に供する）できる期間のことをいいます。物理的な面、機能的な面などを考慮して定められます。

本来、固定資産は、同種のものであっても、操業度の大小、技術水準、修繕維持の程度、経営立地条件の相違などにより耐用年数も異なるはずです。しかし、そうした実質的な判断を認めると、会社の都合で勝手に決めることを認めることにもつながりかねません。これでは、税の公平という観点から好ましくありません。

そこで、税法では、原則として、個々の資産の置かれた特殊条件にかかわりなく、画一的に定めた耐用年数にすることになっています。これを法定耐用年数といいます。税務上の法定耐用年数は、「減価償却資産の耐用年数等に関する省令」（一般に「耐用年数省令」といいます）で詳細に定められています。

ただし、稼働状況により、実際の使用期間が法定耐用年数より10％以上短くなる場合には、納税地の所轄国税局長の承認を受けて、耐用年数を短縮することが認められています。

■ 中古資産の耐用年数はどうやって計算するのか

中古資産を取得して事業に使った場合、その資産の耐用年数は、法定耐用年数ではなく、その事業に使った時以後の使用可能期間として見積もることのできる年数にします。また、使用可能期間の見積りが困難であるときは、以下の簡便法により算定した年数にすることができます。

76

① **法定耐用年数の全部を経過した資産**

　その法定耐用年数の20％に相当する年数を耐用年数とします。

② **法定耐用年数の一部を経過した資産**

　その法定耐用年数から経過した年数を差し引いた年数に経過年数の20％に相当する年数を加えた年数を耐用年数とします。

　これらの計算により算出した年数に１年未満の端数があるときは、その端数を切り捨て、その年数が２年に満たない場合には２年とします。次に、具体的な計算例で説明します。３年８か月使用済みの普通車を中古で購入したとします。

　新品の普通自動車耐用年数：６年のため、②の耐用年数の一部を経過した資産に該当します。年数を月数に直して計算式にあてはめると、

　（新品の耐用年数72か月－経過期間44か月）＋（経過期間44か月×20％）＝36.8か月 ⇒ ３年0.8か月

　算出した年数に１年未満の端数があるため、切り捨てて、耐用年数は３年となります。

　また、その中古資産の再取得価額の100分の50に相当する金額を超える改良を行った場合など、一定の場合には耐用年数の見積りをすることはできず、法定耐用年数を適用することになります。再取得価額とは、中古資産と同じ新品のものを取得する場合の価額をいいます。

■ **耐用年数** ・・

法定耐用年数 ▶ 固定資産の種類・用途・細目ごとに画一的に定めた耐用年数

⬇

課税の公平化の観点から恣意性を排除するもの

税務上の法定耐用年数は「耐用年数省令」で詳細に定めている

第３章 ◆ 法人税の実務　　77

9 圧縮記帳について知っておこう

帳簿価額を利益分だけ下げる処理方法である

■ 圧縮記帳とは「課税の延期制度」である

　圧縮記帳とは、固定資産の帳簿価額を切り下げ、課税所得を小さくする方法です。圧縮記帳は、法人税法で規定しているものと、租税特別措置法で規定しているものがあります。

　代表的なものとしては、法人税法では、①国庫補助金や保険金等で固定資産等を取得した場合、②不動産の交換により一定の固定資産等を取得した場合の圧縮記帳があり、租税特別措置法では、①収用等により資産を取得した場合、②特定資産の買換え等により資産を取得した場合の圧縮記帳があります。

　たとえば、国や地方自治体から国庫補助金等をもらって、機械を購入したとします。国庫補助金が500万で、機械の取得価額が600万円、この場合、受給した国庫補助金500万円は会社の収益に計上され、税金が課税されます。一方、機械の取得価額600万円は固定資産に計上され、耐用年数に応じて毎期減価償却費が計上されます。国などが補助金をあげるということは、その対象となる設備投資等を国などが将来期待できるものと判断しているからです。

　このような目的があるにもかかわらず、その補助金に税金が課税されてしまったらどうなるのでしょうか。法人税や事業税、住民税などで補助金の約半分は税金で減ってしまうので、これでは機械の購入が困難になってしまいます。

　そこで考えられたのが圧縮記帳です。圧縮記帳によれば、この例でいうと、600万円で取得した機械の価格を500万円圧縮することができ、機械の帳簿価額は100万円になるということです。補助金の額500万円

相当額を圧縮損として損金に計上し、同額を機械の取得価額から控除するわけです。

このように圧縮記帳とは、会社の利益を減らし税金を軽減する有利な制度です。これ以外の圧縮記帳も考え方はすべて同じです。

ただし、圧縮記帳によった場合は、一時的に税金は軽減されますが、いずれその軽減された税金分は取り戻されることになります。なぜなら、圧縮記帳により機械の簿価は100万円に下がっているため、毎期計上される減価償却費は600万円のときと比べて少なくなります。ということは、利益が多くなり、結果として税金も多くなるわけです。このため圧縮記帳は、課税が免除されたのではなく、長期的には圧縮記帳を行う場合とそうでない場合での課税に与える影響額を合計すると変わらないため、単に「課税の延期」をしてもらえる制度ということができます。

また、途中で売却したときも、簿価が圧縮されている分、売却益が多くなり、税金も多くなる結果となります。

■ **圧縮記帳の関係図**

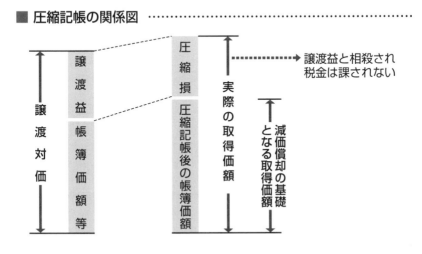

10 繰延資産について知っておこう

支出の効果が１年以上に及ぶものを繰延資産という

■ 次期以後の期間に配分して処理される

　繰延資産とは、法人が支出する費用のうち、その支出の効果が１年以上に及ぶもの（資産の取得費用及び前払費用を除く）をいいます。繰延資産は、減価償却資産のようにいったん資産計上し、その支出の効果が及ぶ期間にわたり、償却費として必要経費に算入します。なお、残存価額はありません。

　繰延資産は、将来の期間に影響する特定の費用であって、次期以後の期間に配分して処理するため、便宜的に貸借対照表の「資産の部」に記載されます。

　「将来の期間に影響する特定の費用」とは、すでに代価の支払が完了し、あるいは支払義務が確定し、これに対応する役務の提供を受けたにもかかわらず、その効果が将来にわたって現れるものと期待される費用をいいます。

■ 会社法上の繰延資産と税法上特有の繰延資産がある

　繰延資産は「資産」ですが、換金性のある財産ではありません。会社法では、このような無価値な資産の計上は、債権者保護の見地から認めていません。そこで、企業会計上は、創立費、開業費、開発費、株式交付費（新株発行費）、社債発行費の５つを限定列挙する形で、繰延資産として認められています。会社法では、会計処理は原則任意（資産計上してもよいし、支出した期に全額を費用として処理してもよい）とし、資産計上したときは、比較的短期間（最長５年。社債発行費を除く）での償却を求めています。一方、法人税法による繰

延資産は、大別して次の2つからなります。1つは、会社法でも規定される「会社法上の繰延資産」であり、もう1つは、税法上特有の繰延資産です。具体的には、以下の費用が繰延資産となり、その支出の効果の及ぶ期間を税法で定めており、その期間にわたって償却していくことになります。

① 自己が便益を受ける公共的施設又は共同的施設の設置又は改良のための費用
② 資産を賃借し又は使用するための費用
③ 役務の提供を受けるための費用
④ 広告宣伝用資産の贈与のための費用
⑤ その他自己が便益を受けるための費用

損金経理要件はどうなっているのか

法人税法上、償却費として各事業年度の所得金額の計算上、損金の額に算入される金額は、確定した決算において償却費として損金経理した金額のうち償却限度額に達するまでの金額とされています。

なお、税務上特有の繰延資産で20万円未満の支出については、支出時に全額損金算入することができます。

■ 法人税法上の繰延資産

会社法上の繰延資産 { ・創立費・開業費・開発費・株式交付費
・社債発行費

法人税法特有の繰延資産 { ・自己が便益を受ける公共的施設又は
　共同的施設の設置又は改良のための費用
・資産を賃借し又は使用するための費用
・役務の提供を受けるための費用
・広告宣伝用資産の贈与のための費用
・その他自己が便益を受けるための費用

11 貸倒損失について知っておこう

貸倒損失の成立要件について知っておく

■ 貸倒損失とは

　取引先の財政状態の悪化や倒産などにより、まだ回収していない売掛金や貸付金などの金銭債権が戻ってこないことになると、その金額はそのまま会社の損失ということになります。いわゆる焦げ付きですが、これを**貸倒損失**といいます。

■ どのような処理をするのか

　金銭債権は、貸借対照表上では資産として表示されます。お金が回収される見込みがないということは、その金銭債権は不良債権として残ったままとなってしまい、会社の正しい財政状態を表わすことができません。そこで、貸倒れが発生した時に、次の仕訳で費用・損失の科目に振り替えます。

(借方) 貸倒損失／(貸方) 売掛金・貸付金などの金銭債権

　この処理により、貸倒損失分の会社の資産及び儲けが減少します。貸倒損失として処理をした後にお金が回収できた場合は、「償却債権取立益」という収益の科目に振り替え、その年度の収入として取り扱います。

■ どんな場合に認められているのか

　経費や損失が増えると会社の儲けは減り、その儲けに対して課される法人税も少なくなります。もし「負担する税金を少なくしよう」と

82

考える会社があるのであれば、経費や損失はできるだけ多く算入しようと考えるはずです。災害や盗難のように誰の目から見ても明らかな事実とは性質が異なり、債権が回収できなくなったかどうか、つまり「貸し倒れたかどうか」については当事者にしか判断できないという一面があります。ある会社は「税金を少なくしたい」ため1か月入金の遅れた売掛金を貸倒損失として処理し、一方で別の会社は実際に倒産してしまった会社の売掛金のみを貸倒損失として処理するというように、会社の意図が介入する余地があるようでは、税金の負担にも不公平が生じてしまいます。

また、債権が回収不能であるかどうかの判断は前述したように難しく、会社側に判断をゆだねる企業会計上の貸倒損失のみに基づいて課税所得を確定させてしまうと、国の税金確保の安定性が薄れてしまいます。このような理由から、貸倒損失をより客観的なものにするために、課税所得を算定する税務上は貸倒が成立するための要件が設定されています。

以下の①～③のいずれかの事実があったとき、税務上貸倒損失として処理することが認められています。
① 法的に金銭債権が消滅する場合
② 全額が回収不能の場合
③ 売掛債権で①②以外の場合

①は、以下のような法令等に基づく事実により債権が切り捨てられたり免除されたりして、最終的に回収できないことになった金額を貸倒損失として処理します。②③については、次ページ以降で説明していきます。
・会社更生法等による更生計画又は民事再生法による再生計画の認可の決定があった場合
・会社法による特別清算に係る協定の認可の決定があった場合
・破産法による破産手続終結の決定があった場合

第3章 ◆ 法人税の実務　83

・債権者集会や金融機関等のあっせんによる当事者間の協議決定により債権放棄した場合

・債務者の債務超過の状態が相当期間継続し、弁済困難が認められる場合

なお、①のケースに限り、貸倒損失として経理処理をしなかった場合であっても、税金の計算上は損失があったものとして計算します。

たとえば、当期利益150万円で、これ以外に①の貸倒損失50万円が存在した場合、150万円－50万円＝100万円が、法人税が課税される課税所得（税法上の利益）となります。

■ 全額が回収不能の場合（事実上の貸倒れ）

法的な事実はないものの、売上先やお金を貸した相手など、債務者の財産状態、支払能力から回収ができないことが明らかな場合は、その回収できない金額を貸倒損失として処理します。たとえば債務者が死亡・行方不明・被災などによって支払いができなくなったような場合です。ただし担保物がある場合はこれを処分し、その代金をまず控除した残金が、計上できる貸倒損失となります。

■ 貸倒損失の計上が認められる３つの場合 ⋯⋯⋯⋯⋯⋯⋯⋯⋯⋯⋯

1. 法律上の貸倒れ

--- 法律上債権が消滅 し回収不能となった場合

2. 事実上の貸倒れ

--- 債権者の資産状態などから見て 全額が回収不能 と認められる場合

3. 形式上の貸倒れ

--- 売掛債権 について取引停止など一定の事実が生じた場合

回収の努力もしない安易な貸倒損失計上は、税務署から贈与（寄付）として扱われる可能性がある

84

担保物とは、抵当権などで担保されている不動産や取引の際に預かった保証金などのことです。

■ 売掛債権の貸倒れ（形式上の貸倒れ）

売上先に対する売掛債権については、次の2つのケースで、貸倒損失の処理が認められています。

まず、かつては継続して取引していたが、取引がなくなって1年以上経過している取引先に対する場合です。この場合、売掛債権から備忘価額（その資産が残っていることを忘れないための名目的な価額のこと）1円を帳簿上残して貸倒損失を計上します。たとえば未回収の売掛金が1,000円ある場合は次のようになります。

（借方）貸倒損失　999 ／（貸方）売掛金　999

この仕訳により、帳簿及び貸借対照表上は売掛金1円が残ります。

次は、遠方の取引先で、その債権の額よりも交通費などの取立費用の方が上回ってしまい、かつ督促したにもかかわらず支払いがない場合です。この場合も同様に、備忘価額1円を残して貸倒損失を計上できます。

なお、同一地域に複数の取引先がある場合、それらの合計の債権金額と取立費用で判断します。

たとえばA県に事務所を置く会社（「甲社」とします）が、B県にC社、D社の2社を得意先としてもっていたとします。いずれの得意先の売掛金についても督促したものの支払がありません。B県への交通費は1,000円、甲社のC社に対する売掛金は500円、D社に対する売掛金は800円です。取立てに係る費用は交通費のみとします。

通常であればC社500円＜取立費用1,000円、D社500円＜取立費用1,000円となり、いずれの売掛金についても貸倒損失を計上できるこ

第3章 ◆ 法人税の実務　　**85**

とになります。しかし、常識的に考えると時間と経費を使ってC社に出向いたのであれば、ついでにD社にも訪問するものです。そこでこのような同一地域における債権については合算で判断します。

したがって、この場合ではC社・D社の売掛金500円＋800円＝1,300円≧取立費用1,000円ということで、実際には貸倒損失は計上できないということになります。

■ 貸倒損失を認定してもらうための対策と対処法

貸倒損失として認定してもらうためには、その事実の客観性を保つことが必要になります。「①法的に金銭債権が消滅する場合」の貸倒れ（83ページ）の中で、債務者の状態から弁済困難が認められる場合については、債権放棄をしたことを通知する書面を内容証明郵便で送付する方法により、債権放棄をした事実を証明します。控えも保管しておくようにしましょう。相手が行方不明の場合でも、所在不明で戻ってきた封書をとっておきます。

84〜85ページの「全額が回収不能の場合」の貸倒れと「売掛債権」の貸倒れについては、経理処理をしていなければ認定されませんので、決算処理を行うときには、金銭債権の処理もれがないか、よくチェックしましょう。

前ページの取引停止から1年以上経過した売掛債権の貸倒れについては、継続取引があったことが前提です。そのため不動産取引のようなたまたま行った取引による債権については、たとえ営業活動上の売上債権であっても、継続した取引とはいえないため適用されません。また、担保物がある場合は、取引が完全に停止しているとはいえないので適用されません。

いずれの場合においても、「いつ貸倒損失を計上するのか」ということも重要になってきます。法律による決定のあった日付や、全額回収できないことが明らかになった日付、最後に契約・商品の受渡し・

入金等の取引があった日から1年以上経過している日付など、根拠のある日付で計上します。

　税務上においては、貸倒損失の事実が認められない場合は、その取引先に対し、免除した債権金額相当の寄付をしたとみなされ、法人税がかかってしまうこともあります。貸倒損失が成立する要件を満たしているかどうかについては注意が必要です。

■損益計算書にはどのように表示されるのか

　貸倒損失の損益計算書上の表示場所は、「販売費及び一般管理費」「営業外費用」「特別損失」のいずれかになりますが、その貸倒損失の性質により異なります。

　売掛金など営業上の取引先に対する貸倒損失は「販売費及び一般管理費」に、貸付金など通常の営業以外の取引で生じた貸倒損失は「営業外費用」に、損益計算書に大きく影響を与えるような、臨時かつ巨額な貸倒損失は「特別損失」に表示します。

■ 貸倒損失の表示

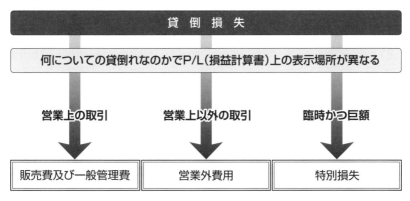

12 引当金・準備金について知っておこう

税務上認められている引当金・準備金は限定されている

引当金・準備金は債務確定主義の例外である

税法では、「販売費及び一般管理費」などの費用については、減価償却費を除き、期末までに債務が確定していないものは損金（費用）に算入できません。

たとえば、来期予定されている固定資産の撤去のための費用の見積額について、期末に企業会計上で費用計上しても、税務ではその費用を損金として認めません。これは、実際に固定資産の撤去が期末までに行われているわけではなく、その撤去費用を支払うべき債務が確定していないためです。このように、債務が確定した時点で費用に算入すべきであるという考え方を**債務確定主義**といいます。

税法では、債務確定主義が採られます。なぜなら、見積費用の計上は、恣意的にできる余地が大きいからです。もし、税務上もこのような見積費用を認めてしまうと、課税の公平を保つことができなくなります。

引当金・準備金は、将来発生する費用又は損失に対して事前に手当しておくものです。税務上、債務確定主義の観点から、原則として見積費用は認められません。しかし、一切認めないというのも現実的ではないので、税務上定めた一定の種類の引当金・準備金についてだけ、繰入額である見積費用の損金算入を認めています。

引当金・準備金とは

会社の経営にはさまざまなリスクがつきものです。将来突然発生するかもしれない費用や損失を見積り計算し、あらかじめ準備するため

のお金のことを**引当金**といいます。次の処理で新たに見積った金額は費用として計上します。引当金については「資産の部」のマイナス項目や「負債の部」として貸借対照表に表示されます。

（借方）○○引当金繰入／（貸方）○○引当金

準備金とは、経済政策などの要請から租税特別措置法によって認められているものです。引当金の計上とは異なり、青色申告法人に限って認められています。

■ 税務上認められている引当金について

企業会計は、正しい期間損益計算をすることがおもな目的です。「当期の収益に対応する費用の計上」という費用収益対応の考え方から、以下の記述にもある貸倒引当金の他、賞与引当金、退職給付引当金などさまざまな引当金を計上する必要があります。中でも貸倒引当金は、最も身近な引当金だといえます。

しかし、税務上は、課税の公平という見地から、原則として引当金の計上は認めていません。会計との違いを調整するため、税法では計上できる金額の上限として設けた上で、一部の引当金については、会社側の任意で計上することが認められています。

例外として税務上も認められる引当金には2種類あります。貸倒引当金と返品調整引当金です。貸倒引当金は、売掛金などの将来の貸倒損失に備えるために、返品調整引当金は将来の商品の返品による損失に備えるために計上するものです。ただし、貸倒引当金は、現在は後述する中小法人等その他の一部の法人にしか計上が認められていません。

また、返品調整引当金は、平成30年3月に売上計上の基準である「収益認識に関する会計基準」が制定されたことにより、会計監査を受けていない一部の中小企業等を除き、平成33年4月1日以降開始す

第3章 ◆ 法人税の実務　　89

る事業年度より、企業会計上返品調整引当金の計上が認められなくなりました。これを受けて、税務上も平成30年度の税制改正により、平成33年４月１日以降開始する事業年度から原則として返品調整引当金の計上が認められなくなりました。なお、経過措置として、平成33年４月１日以降平成42年３月31日までの間に開始する事業年度において、段階的に返品調整引当金の計上が縮小される経過措置が適用されます。

このように、引当金は上記で税務上認められる場合を除いて損金不算入となり、申告調整により利益に加算します。

■ 貸倒引当金とは

取引先の倒産などによる貸倒れもリスクの１つといえるでしょう。会社が保有する売掛金や貸付金などの金銭債権の中に、回収できない恐れのあるものが含まれている場合には、これに備えて引当金を設定します。これを**貸倒引当金**といいます。

では、会計上の貸倒引当金と税法上の貸倒引当金は違うのでしょうか。

会計上は、「取立不能の恐れがある」場合に貸倒引当金を計上します。債権を①一般債権、②貸倒懸念債権、③破産更生債権等、の３つに区分し、その区分ごとに貸倒見込額を計算します。

① **一般債権**

経営状態に重大な問題が生じていない債務者への債権です。

② **貸倒懸念債権**

経営破たんの状態には至っていないが債務の弁済に重大な問題が生じている又はその可能性の高い債務者への債権です。

③ **破産更生債権等**

経営破たん又は実質的に経営破たんに陥っている債務者への債権です。

■ 貸倒損失とはどう違うのか

貸倒引当金は、まだ貸倒れの予測段階で計上されるものである一方、

貸倒損失は、客観的にその事実が存在している損失であるという違いがあります。

　たとえば、ある取引先が会社更生法の適用により、当社に対する売掛金100万円のうち半分を切り捨て、残り半分は10年間の分割払いとする決定があったとします。切り捨てが決定された50万円については、回収できないことが明らかなので貸倒損失となります。残りの50万円についてですが、支払いを受ける決定がされたものの、会社更生法が適用されたことで、もはや健全な取引先とはいえません。

　そこで回収不能を予測して設定するのが貸倒引当金です。まだ予測の段階なので、順調に支払いを受けた場合は、毎期その設定金額を見直していきます。

■税務上貸倒引当金が認められるのはどのような場合か

　貸倒引当金の計上は、原則的には認められないことになっています。現段階で貸倒引当金の損金算入が認められるのは、以下に記述するよ

■ 法人税上の引当金

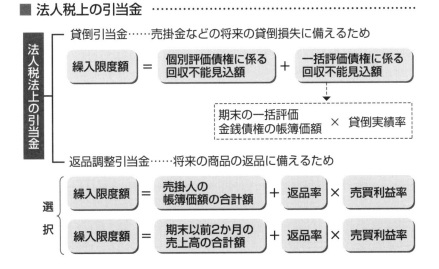

うな一定の法人等に限定されます。一定の法人等とは、①中小法人等、②銀行や保険会社などの金融機関、③リース会社など「一定の金銭債権を有する法人等」です。

①の中小法人等とは、資本金等の額が1億円以下である普通法人のうち資本金等5億円以上の大法人等に完全支配されていないもの、公益法人等、協同組合等、人格のない社団等をいいます。③の「一定の金銭債権を有する法人等」とは、リース会社、債権回収会社、質屋、クレジット会社、消費者金融、信用保証会社などが該当します。

■ 税務上認められる準備金とは

準備金は、引当金とは異なりその事業年度の収益と明確な因果関係を持っているものは少なく、むしろ偶発的な損失の引当てや政策的な性格を持つもので、一定の要件の下で一定額の損金算入が可能となっています。

税法上設けることができる準備金は次のとおりです。準備金の名称からしても、特定の業種に使用が限定されているといえます。

・海外投資等損失準備金
・新事業開拓事業者投資損失準備金
・金属鉱業等鉱害防止準備金
・特定災害防止準備金
・原子力発電施設解体準備金
・特定原子力施設炉心等除去準備金
・保険会社等の異常危険準備金
・関西国際空港用地整備準備金
・中部国際空港整備準備金
・特定船舶に係る特別修繕準備金
・探鉱準備金又は海外探鉱準備金
・農業経営基盤強化準備金

13 役員報酬・賞与・退職金の処理はどのように行うのか

税務上、役員とは会社経営に従事している人をいう

■ 税法上の役員は会社法上の役員より幅が広い

　法人税法では、**役員**を「法人の取締役、執行役、会計参与、監査役、理事、監事、清算人及び法人の使用人以外の者でその法人の経営に従事している者」としています。つまり、会社法上の役員はもちろん、使用人以外の相談役、顧問など会社の経営に従事している人、あるいは同族会社の使用人で、その会社の経営に従事している者のうち、一定の条件を満たす者も役員とみなされます。これら税法独自の役員を**みなし役員**と呼んでいます。

　また、会社法上の役員であっても、取締役経理部長のように使用人の地位を併せ持つ人のことを、税法上は特に**使用人兼務役員**といい、他の役員と区別しています。

■ 損金算入できる役員給与の範囲

　法人がその役員に対して支給する給与（退職給与等を除く）のうち、損金算入されるものの範囲は、次の①〜③のようになっています。
① 支給時期が１か月以下の一定期間ごとで、かつ、その事業年度内の各支給時期における支給額が同額である給与（つまり定期同額の給与）の場合
② 所定の時期に確定額を支給する届出に基づいて支給する給与など（つまり事前確定届出給与）の場合
③ 非同族会社又は非同族会社の完全子会社の場合、業務執行役員に対する業績連動給与で、算定方法が利益に関する指標を基礎とした客観的なものである場合

第３章 ◆ 法人税の実務　93

①の定期同額給与は、期首から３か月以内の改定、臨時改定事由や業績悪化などにより改定した場合には、改定前後が同額であれば定期同額給与に該当します。現金以外のいわゆる現物給与の場合、その額がおおむね一定であれば定期同額給与に該当します。

　②の事前確定届出給与とは、たとえば、年２回、特定の月だけ通常の月額報酬より増額した報酬（臨時給与、賞与）を支払う場合、支給額、支給時期等を事前に届け出ていれば損金算入が認められます。なお、これらの給与であっても不相当に高額な部分の金額や不正経理をすることにより支給するものについては、損金の額に算入されません。

　一方、役員に対して支給する退職給与については、原則として損金の額に算入されますが、不相当に高額な部分の金額は損金の額に算入されません。

■ 役員退職金の損金算入

　法人が役員に支給する退職金で適正な額のものは、損金の額に算入されます。その退職金の損金算入時期は、原則として、株主総会の決議等によって退職金の額が具体的に確定した日の属する事業年度となります。ただし、法人が退職金を実際に支払った事業年度において、損金経理をした場合は、その支払った事業年度において損金の額に算入することも認められます。

■ 定期同額給与と事前確定届出給与

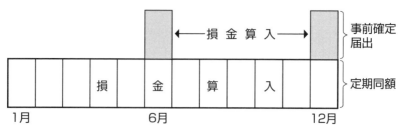

14 寄付金になるものとならないものがある

損金算入限度額以上は損金算入できない

寄付金とは

寄付金は、損金の額に算入するのが原則です。しかし、反対給付を伴わない事業関連性に乏しい支出であるとの理由から、一定の損金算入制限が設けられています。

寄付金の額とは、金銭その他の資産又は経済的な利益の贈与等をした場合におけるその金銭の額あるいは金銭以外の資産の価額等をいいます。寄付金、拠出金等のどのような名称で行うのかは関係ありません。また、金銭以外の資産を贈与した場合や経済的利益の供与をした場合には、その贈与時の価額あるいは経済的利益を供与した時の価額が寄付金の額とされます。

なお、一般常識に比べて明らかに低額で譲渡を行った場合にも、譲渡時の価額と時価との差額が、寄付金の額に含まれます。

寄付金の額に含まれないもの

広告宣伝費、交際費、福利厚生費とされるものについては、寄付金の額に含まれません。また、子会社の整理費用や被災者に対する災害義援金は、損失や費用の額として損金の額に算入されます。

損金算入時期はいつになるのか

寄付金の額は、その支出があるまでの間、なかったものとされます。つまり、実際に金銭等により支出した時にはじめて、その支出があったものと認識されます。したがって、未払計上や手形の振出による寄付金で、未決済のものについては、損金に算入することはできません。

第3章 ◆ 法人税の実務　　95

また、法人が利益の処分として経理処理した寄付金については、国等に対する寄付金、指定寄付金及び特定公益増進法人に対する寄付金を除き、損金の額には算入されません。

■ 損金算入には限度額がある

　寄付金には、事業の円滑化や広報活動、公益的な慈善事業に対するものなど、社会一般の考え方から見てそれを損金として認めるべきものもあることから、目的によって損金算入できる金額が規定されています。

　国等に対する寄付金及び財務大臣の指定した寄付金は、全額損金算入されます。一般の寄付金及び特定公益増進法人等に対する寄付金のうち、一定限度額を超える部分の金額は、損金の額に算入されません。

　損金として算入できる寄付金の限度額は、以下の計算式で算定されます。

① 一般の寄付金

　（期末資本金等の額×12/12×2.5/1000＋寄付金支出前の所得金額×2.5/100）×1/4

② 特定公益増進法人等

　（期末資本金等の額×12/12×3.75/1000＋寄付金支出前の所得金額×6.25/100）×1/2

■ 寄付金の範囲

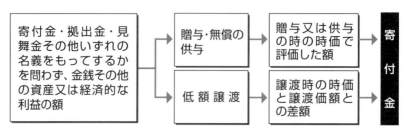

15 交際費になるものとならないものがある

冗費節約の見地から一定の金額は損金の額に算入されない

■交際費等とは

　法人税法では、交際費等については、別段の定めにより一定の金額を損金不算入としています。そこで、交際費等の範囲が問題になります。**交際費等**とは、交際費、接待費、機密費その他の費用で、法人がその得意先、仕入先その他事業に関係のある者等に対する接待、慰安、贈答その他これらに類する行為のために支出するものをいいます。これらの交際費等は、法人の活動上必要な支出ではありますが、無条件に損金算入を認めてしまうのは望ましくなく、冗費節約の観点から損金算入の制限が設けられています。

■損金不算入額はどのくらいになるのか

　交際費等の損金不算入額は、その法人が中小法人、大法人のいずれに該当するかによって異なり、以下のようになっています。

■ 交際費等の範囲

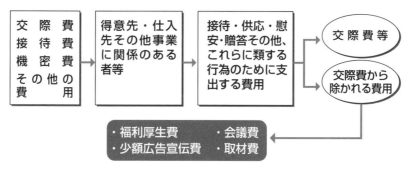

① **中小法人**

中小法人とは、期末資本金が1億円以下で、かつ、期末資本金5億円以上の法人などとの間に完全支配関係がないものをいいます（完全支配関係とは、簡単にいえばその法人の株式をすべて保有されているような状態をいいます）。この場合は、その事業年度の支出交際費等の額のうち、800万円に達するまでの金額（定額控除限度額といいます）又は飲食費（1人当たり5000円以下の飲食費を除く）の50%のうち大きい額が損金算入されます。

② **大法人**

大法人とは、上記①以外の法人です。この場合は、その事業年度の支出交際費等の金額のうち、飲食費（1人当たり5000円以下の飲食費を除く）の50%が損金算入されます。

■ 交際費等に含めなくてよい費用もある

形式的には税務上の交際費等の範囲にあてはまる場合であっても、損金不算入となる交際費等には含めなくて差し支えないという費用が、次の通り限定的に列挙されています。

① もっぱら従業員の慰安のために行われる運動会、演芸会、旅行等のために通常要する費用

② カレンダー、手帳、扇子、うちわ、手ぬぐい、その他これらに類する物品を贈与するために通用要する費用

③ 会議に関連して、茶菓、弁当、その他これらに類する飲食物を供与するために通常要する費用

④ 新聞、雑誌等の出版物又は放送番組を編成するために行われる座談会その他の記事の収集のために、又は放送のための取材のために通常要する費用

しかし、交際費と隣接費用（交際費と区別がしにくいが費用として

計上できるもの）との区分が明確でないことから、実際には隣接費用について交際費であると税務調査の際に認定されることも多く、その解釈や運用をめぐってさまざまな議論が行われてきました。

そこで、現在は、税法によって、1人当たり5,000円以下の飲食費について交際費とは別に損金算入が認められています。

■ 交際費を判断する上での注意点

会社が支出した費用が交際費に該当するかどうかは、帳簿上での勘定科目ではなく、実質的な内容で判断されます。以下の費用については、取扱いを誤りやすいので、注意が必要です。

- 販売促進費：販売に協力した取引先などに対し、金銭や物品を渡す場合があります。金銭や少額物品、自社製品は交際費に該当しません。高額物品や、旅行、観劇等への招待などは交際費に該当します。
- 渡切交際費：役員などに対し、精算を要しない交際費を支給する場合、交際費ではなく給与として取り扱われます。
- タクシー代：接待などに使われたタクシー代は接待費に該当します。
- ゴルフクラブ：入会金が会社名義の場合、諸費用は交際費となります。プレー代は、業務遂行上必要なものであれば交際費となります。

■ 中小法人の損金の額に算入される交際費の額

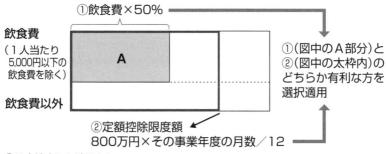

①は大法人にも適用あり

16 赤字のときの法人税について 知っておこう

欠損金を利用すれば法人税を少なくすることができる

■ 欠損金とは「赤字」のことである

欠損金とは、その事業年度の損金の額が益金の額を超える場合のマイナスの所得、つまり赤字のことをいいます。会社は継続的に事業活動を行いますので、黒字の年もあれば赤字の年もあります。中には、不動産売却など臨時的な取引により、たまたまその年度だけ黒字がでたり、反対にマイナスとなったり、ということもあります。このような場合に、黒字のときだけ税金が課税され、赤字のときは何の措置もないというのでは、不公平です。そのため、マイナスの所得である欠損金が生じた場合には、欠損金の繰越控除という制度によって、税負担の調整を図っています。

では、欠損金の繰越控除とは、どのような調整方法なのか、以下で見ていきましょう。

■ 欠損金とその調整

欠損金の繰越控除

各事業年度の開始の日前9年以内の欠損金額を各事業年度の所得の金額の計算上、損金の額に算入が可能

➡「前期赤字、今期黒字」の場合は欠損金の繰越控除が可能。
平成30年4月1日以後に開始する事業年度で生じた欠損金額は10年以内。

欠損金の繰戻しによる還付

欠損金額を欠損事業年度開始の日前1年以内に開始した事業年度に繰り戻して還付を請求できる

➡「前期黒字、今期赤字」の場合には欠損金の繰戻しによる還付(中小法人等のみ)が可能。

■ 欠損金は向こう9〜10年間に生じる黒字から控除できる

　今期の事業年度の所得金額が黒字だった場合において、その事業年度開始の日の前から9年以内に開始した事業年度に生じた赤字の所得金額、つまり欠損金額があるときは、今期の黒字の所得金額を限度として、その欠損金額を損金の額に算入することができます。これを**欠損金の繰越控除**といいます。つまり、欠損金が生じた場合は、将来9年間に生じる黒字の所得金額から控除することができるのです。なお、平成30年4月1日以後に開始する事業年度において生ずる欠損金は9年間ではなく10年間になります。

　ただし、中小法人等を除き、所得から控除できる金額は黒字の事業年度の所得の50%までに限られています。中小法人とは、期末資本金1億円以下で、資本金5億円以上の大法人による完全支配関係がないなどの要件に該当する法人です。

　この制度を適用するためには、欠損金が生じた事業年度において青色申告書を提出し、かつ、欠損金の生じた事業年度以降も連続して確定申告書（青色申告書でなくてもよい）を提出していること、欠損金が生じた事業年度の帳簿書類を保存していることが条件です。

■ 欠損金の控除限度額と繰越期間 ……………………………………

開始する事業年度	控除限度額	繰越期間
平成20年4月1日から 平成24年3月31日の間	制限なし	
平成24年4月1日から 平成27年3月31日の間	所得金額の80%	
平成27年4月1日から 平成28年3月31日の間	所得金額の65%	9年
平成28年4月1日から 平成29年3月31日の間	所得金額の60%	
平成29年4月1日から 平成30年3月31日の間	所得金額の55%	
平成30年4月1日以後	所得金額の50%	10年

■中小法人は欠損金が出たら税金を還付してもらえる

　今期の事業年度が赤字だった場合（欠損事業年度といいます）、その欠損金を、今期事業年度開始の日前１年以内（前期）に開始した事業年度に繰り戻して、その欠損金に相当する法人税の全部又は一部を還付してもらうことができます。これを**欠損金の繰戻しによる還付**といいます。つまり、「今期と前期の所得金額を通算すると、前期の法人税は納めすぎだった」という場合に、納めすぎた分を還付してもらうことができるのです。

　この制度は、中小法人及び解散など特別の事情のある法人に限り、受けることができます。中小法人とは、期末資本金が１億円以下で、資本金５億円以上の大法人による完全支配関係がないことなどの要件に該当する法人のことをいいます。

　制度が適用されるためには、①前事業年度（前期）及び欠損事業年度（当期）共に青色申告書を提出していること、②欠損事業年度の青色申告書を期限内に提出していること、③欠損事業年度の青色申告書と同時に欠損金の繰戻しによる還付請求書を提出している、といった条件を満たすことが必要です。ただし、この制度は法人地方税にはありませんので、還付されるのは国税である法人税の額のみです。

■ 欠損金の繰戻し還付

【前年度】

500万円の
黒　字

75万円の法人税を納付
（税率15％の場合）

相　殺

【今年度】

前年度の黒字と今年度の赤字を
相殺し、前年度に納税した法人税
75万円が還付される

500万円の
赤　字

還付

第4章

決算書のしくみ

1 決算とはどのようなものなのか

一定期間の収支の総計算をすることである

■決算は何の目的で行うのか

　決算とは、一定期間に会社が行った取引を整理し、会社の経営成績及び財政状況を明らかにするための手続きをいいます。この一定期間を**会計期間**といいます。

　経理担当者が日々行っている経理業務は、すべて決算のためといっても過言ではありません。

　決算の作業は、試算表の作成や決算整理事項の整理、精算表の作成及びすべての帳簿類を締め切るなどの作業がありますが、これはすべて最終的に貸借対照表や損益計算書といった決算書の作成という目的に向かって進められます。

　決算をすることにより、会社内部の経営者や管理者たちは会社の経営状態を知り、今後どのように会社を経営していくのか、目標をどこに置くのかなどの経営目標を明確に設定することができます。

　このように、決算は、効率的かつ安全な経営活動を行うための管理統制の手段になるわけです。

　また、会社に出資している株主や債権者などの利害関係者にとっては、自分たちが出資したり、お金を貸している会社の経営状態が気になるのは当然のことです。

　今後、出資をしようと考えている投資家にとっても、その会社の経営状態や将来性は大いに気になるところです。

　そこで、決算を行い、外部の利害関係者に対して、会社の財政状態や経営成績を報告することによって、経営者の責任を明らかにするわけです。これらの目的を果たすために、決算が行われます。

◾ 決算調整とはどんなものか

決算を最終的に確定するためには、**決算調整**という手続きが必要になります。

決算調整とは、決算で費用に計上されていなければ法人税法上も損金とすることができないもの（決算調整事項）を、会社の決算で処理することをいいます。この決算調整により、会社の決算利益が決まります。

法人税法上の所得の金額の計算において、損金の額に算入されるためには、あらかじめ法人の確定した決算において費用又は損失として経理を行う必要があるわけです。この確定した決算において費用又は損失として経理を行うことを**損金経理**といいます。

おもな決算調整事項としては、以下のようなものがあります。
① 減価償却資産の償却費の計上
② 繰延資産の償却費の計上
③ 貸倒損失の計上
④ 貸倒引当金等の引当金の繰入額の計上

■ 決算の概要

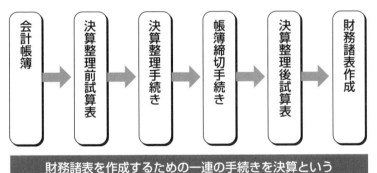

財務諸表を作成するための一連の手続きを決算という

第４章 ◆ 決算書のしくみ　105

2 決算書の内容を見ていこう

会社の1年間の経営活動の成績表である

■ 決算書とは何か

　決算書とは、一連の決算作業の結果作成された、会社の一定期間の経営成績や財政状態をまとめたものです。

　決算書と一口にいいますが、この決算書はいくつかの必要書類によって構成されています。会社法では、計算書類として、貸借対照表・損益計算書・株主資本等変動計算書・個別注記表、及びその附属明細書を定めています。また、金融商品取引法では「財務諸表等規則」により、決算書（財務諸表）として、貸借対照表・損益計算書・株主資本等変動計算書・キャッシュ・フロー計算書・附属明細表が必要です。また、上場会社などが子会社を有している場合には、親会社と子会社の決算書を集計する連結財務諸表も作成する必要があります。

　以下、決算書の各書類の概要について見ていきましょう。

① 貸借対照表

　資産、負債、純資産を表示する報告書であり、企業の一定時点における財政状態を明らかにするものです。純資産は、「株主資本」「評価・換算差額等」「新株予約権」の3区分表示となります。

② 損益計算書

　一会計期間（通常は1年間）における企業の経営成績を明らかにするために作成される財務諸表で、一会計期間の儲けである利益を収益と費用の差額で表わしたものです。「売上高」「売上原価」「販売費及び一般管理費」「営業外収益」「営業外費用」「特別利益」「特別損失」の7区分で収益や費用を表示し、「当期純利益」までの表示となっています。

③　株主資本等変動計算書

　増資・減資、剰余金の配当、準備金や剰余金の振替え（剰余金から準備金への組入れのように、資本金・準備金・剰余金相互間で資本の項目を移動させること）など、「純資産の部」の動きを明らかにする計算書です。

④　個別注記表

　各計算書類の注記をまとめて掲載する書類です。作成すべき注記表は、会計監査人設置会社かどうか、公開会社かどうか、有価証券報告書の提出義務の有無により異なります。なお、独立した1つの表にする必要はなく、脚注方式で記載することもできます。

⑤　キャッシュ・フロー計算書

　企業の一会計期間におけるキャッシュ（現金及び現金同等物）の収支を報告するために作成される財務諸表です。

⑥　附属明細書・附属明細表

　貸借対照表、損益計算書、キャッシュ・フロー計算書などの記載を補足するもので、重要な事項について、その内容及び増減状況などを明らかにするためのものです。

■ 決算書とは ……………………………………………………………

会　社　法 （計算書類等）	金融商品取引法 （財務諸表）
貸借対照表	貸借対照表
損益計算書	損益計算書
株主資本等変動計算書	株主資本等変動計算書
個別注記表	キャッシュ・フロー計算書
附属明細書	附属明細表

第4章 ◆ 決算書のしくみ　107

3 損益計算書の区分はどうなっているのか

損益計算書は企業活動の区分ごとに利益を表示している

■ 収益・費用・利益の関係を考えてみる

　損益計算書は、経営成績、つまり収益と費用を対応させて記載し、それらの差額としての期間損益を報告するための計算書です。収益から費用を差し引いたものが利益と表現され、この関係が損益計算書の基本となっています。

　これを計算式で表わすと次のようになります。

収　益　－　費　用　＝　利　益

　上の計算式における収益、費用、利益は、企業活動の種類によって、①営業活動、②営業外活動（財務活動等）、③臨時的・特別な活動の3つの段階に分けて表現されています。

　営業活動の段階では売上高から売上原価を差し引いて計算される売上総利益、売上総利益から販売費及び一般管理費を差し引いて求められる企業の本業の営業活動での儲けである営業利益を表示します。

　この営業利益に財務活動による受取利息、受取配当金などの営業外収益をプラスし、銀行からの借入金に対する支払利子などの、営業外費用をマイナスして企業の経常的な活動による利益である経常利益を表示します。

　さらに、経常利益に臨時的、特別な活動によって発生する特別利益、特別損失をプラスマイナスして税引前当期純利益を表示します。このように損益計算書は、企業活動の種類によって得られた利益を段階的に表しています。

ここでいう「臨時的、特別な活動」とは、通常めったに起こらない取引を指しています。たとえば、火災で工場が焼失した場合のような災害損失、建物や土地などの固定資産の売却に伴う固定資産売却損益が特別利益又は特別損失に計上されます。なぜなら、火災になることはめったにありませんし、建物や土地の売却も不動産販売業であればともかく、普通の企業であれば固定資産は長期にわたって保有するものですから、頻繁に売却するものではないからです。
　最後に、この税引前当期純利益から税金（法人税、住民税、事業税）を差し引いて「当期純利益」という１年間の最終利益を表示します。この当期純利益は、純資産の変動を表す株主資本等変動計算書に組み込まれ、最終的には貸借対照表の利益剰余金の一部として引き継がれることになります。

■ **損益計算書の基本**

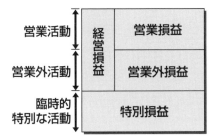

4 会社の利益の計算方法について知っておこう

発生源泉に従って段階的に計算する

■ 利益は損益計算書で計算する

　会社の利益は、損益計算書において、一定期間の財産の増減プロセスを表わすことにより企業の経営成績が明らかにされます。構造はシンプルで、財産の増加要因から財産の減少要因を差し引いて、両者の差額である利益を計算しています。この場合、差額の計算を一度にやらずに、段階ごとに利益を計算します。

　損益計算書には、一会計期間に属するすべての収益とすべての費用を記載して経常利益を表示し、これに特別損益に属する項目を加減して当期純利益を表示します。この場合、費用と収益は総額で記載するのが原則です。両者を相殺してその全部又は一部を損益計算書から除外することは禁止されています。また、費用及び収益は、その発生源泉に従って明瞭に分類し、各収益項目とそれに関連する費用項目とが対応するように損益計算書に表示して、利益を計算しなければなりません。

■ 5つの利益からしくみを理解する

　具体的には、損益の計算を、①売上総利益、②営業利益、③経常利益、④税引前当期純利益、⑤当期純利益の5段階に分けて儲けのしくみを示していきます。

① 売上総利益

　売上高から売上原価を差し引いたものを売上総利益といいます。正式な名称は会計上「売上総利益」といいますが、日常的には粗利益又は粗利と言っています。これらの言葉が示しているように「売上総利

益」とは大雑把な利益のようですが、実際は会社の中心事業そのものの収益力、会社の商品力を表しています。「売上総利益」は5つの段階的な利益のうちもっとも基本的な利益ということができます。

また、「売上原価」は、一般的には商品の仕入原価のことです。ただし、あくまでも当期に販売された商品の仕入原価であることに注意してください。売れ残った在庫分は「売上原価」とはなりません。

② 営業利益

「売上総利益」から「販売費及び一般管理費」を差し引いたものが営業利益です。「販売費及び一般管理費」は、販売部門や管理部門などで発生したコストを指します。具体的には販売費は、販売促進費、広告宣伝費、販売手数料などです。一方、一般管理費は、管理部門の人件費、本社建物の家賃、減価償却費などがその代表です。

「営業利益」とは、その言葉通り会社の営業活動によってもたらされた利益のことです。売上総利益に、事業で必要な人件費やその他経費等の「販売費及び一般管理費」を差し引いたものが、営業利益です。「営業利益」が赤字のような会社は、場合によっては、売上の増加や経費削減といった、具体的な経営計画の見直しも必要となります。また、「販売費及び一般管理費」の内訳科目や売上に対する比率を検討することで、その会社の経営の見直し等に活用することができます。

③ 経常利益

「営業利益」に「営業外収益」と「営業外費用」をプラスマイナスした利益を「経常利益」といいます。営業外収益又は費用とは、その会社の基本的な営業活動以外から生じる収益や費用を指します。例として、企業の財務活動から生じた受取利息や支払利息などがあります。

④ 税引前当期純利益

「経常利益」に「特別利益」と「特別損失」をプラスマイナスした利益が「税引前当期純利益」です。特別利益、特別損失は、経常的な事業活動以外から発生した利益、損失のことです。

第4章 ◆ 決算書のしくみ　111

たとえば、土地を売却した際の利益や、工場が火災に遭った際の災害損失などです。このように臨時的に発生する項目ですが、その期の損益であることには変わりありません。そうした損益も含めた包括的な利益が「税引前当期純利益」です。

⑤　当期純利益

「税引前当期純利益」から「法人税等」を差し引いたものを当期純利益といいます。会社の利益には、法人税・住民税・事業税の税金がかかります。税金もコストの一部です。法人税だけでも会社の利益（正確には法人税法上の課税所得）の約23.2％が課税されます。現金が出ていくという意味では、人件費や支払利息などの経費と何ら変わるところはありません。「当期純利益」は、その事業年度の最終的な成果を表わす利益です。

損益計算書はどうやって作成するのか

ここでは損益計算書の段階的計算の手順を見ていきましょう。

①　営業利益の計算

商品の販売などによって実現した「売上高」から、売上高を獲得するために直接かかった原価である「売上原価」を記載して「売上総利

■ 費用及び収益の経常性という観点からの分類

費用及び収益は、それが毎期経常的に発生するものなのかどうかにより経常損益と特別損益とに分類することができる

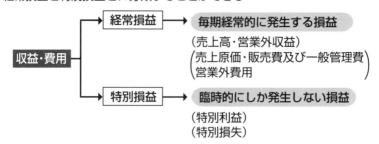

益」を計算し、ここから販売費及び一般管理費を控除して「営業利益」を計算します。

② 経常利益の計算

「営業利益」に「営業外収益」を加え、これから「営業外費用」を控除して、会社の経常的な利益である「経常利益」を計算します。

③ 税引前当期純利益の計算

「経常利益」に固定資産売却益などの「特別利益」を加え、ここから固定資産売却損、災害による損失等の「特別損失」を控除して「税引前当期純利益」を計算します。

特別損益には、おもに会社の非経常的な活動から生じた臨時損益があります。

④ 当期純利益の計算

「税引前当期純利益」から当期の負担に属する法人税額、法人住民税額等を控除して「当期純利益」を計算します。

■ 損益計算書の計算構造

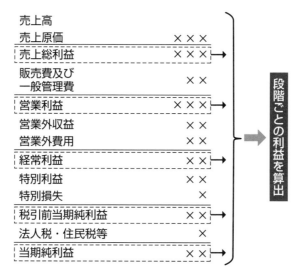

5 費用は変動費と固定費に分けられる

固定費は売上の増減に左右されず、変動費は左右される

■ 固定費・変動費とは

会社の経営に必要な費用は変動費と固定費の2つに分けることができます。

まず、**固定費**とは、売上高や販売数量の増減に左右されないで一定に発生する費用であり、人件費と経費がおもなものです。経費には広告宣伝費や交際費、社屋の地代家賃や減価償却費、リース料などが含まれます。

つまり、固定費とは売上がゼロであったとしても発生する費用です。したがって、固定費が少なければ会社は多く利益を獲得することができます。

次に**変動費**とは、売上高や販売数量の増減に応じて変動する費用のことです。商品の売上原価、製造業の場合には材料費や外注加工費な

■ 固定費と変動費

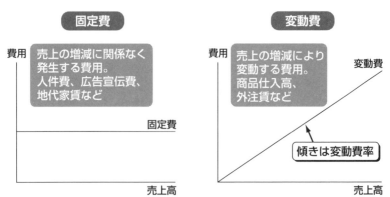

どが変動費に該当します。この変動費を売上高で割ったものを変動費率といいます。

■ 限界利益とは

　限界利益とは、売上の増加に比例して発生する変動費を売上高から差し引いて求められる利益のことをいいます。つまり、単位あたりの売上高から一単位売り上げるのに直接要した費用を差し引いた額のことです。

　たとえば、1個1,000円で仕入れた商品を1,200円で販売した場合、売上高は1,200円、変動費は仕入代金の1,000円ですから、限界利益は200円になります。限界利益がそのまま会社の儲けとなるのではなく、限界利益からその商品の販売にかかった人件費や広告宣伝費、地代家賃、減価償却費などの固定費を差し引き営業利益が求められます。また、たとえば売上高が2,000円で、この売上高に対応する変動費が1,900円の会社があったとします。この会社における限界利益は100円となりますから、売上高が1,200円しかなくても限界利益が200円ある会社の方が儲かっているといえます。

　限界利益は会社の儲けの基本となる値なのです。

■ 売上高・変動費・限界利益・固定費・営業利益 ･････････････････

第4章 ◆ 決算書のしくみ　115

6 利益がゼロになる損益分岐点について考えてみよう

「変動費」と「固定費」から限界利益を出す

■ 損益分岐点とは

損益分岐点とは、損失が出るか利益が出るかの分かれ目となる売上高又は数量のことをいいます。つまり、売上高と費用が同じ、利益も損失も発生しない金額のことで、発生した費用を回収できる売上高です。

損益分岐点を分析することによって、経営者は目標利益を達成するためには、どのくらいの売上高が必要になるのか、又はコストはどの程度に抑えるべきかを見きわめることができます。このように損益分岐点を分析することで、企業は経営計画を立てることができます。

損益分岐点分析をする場合、まず企業のコストを「変動費」と「固定費」に分類します。復習になりますが、確認しておきましょう。変動費というのは、材料費や商品仕入など売上高の増減に比例して発生する費用のことでした。固定費とは、家賃や給料など会社の売上高の増減に関係なく一定金額が発生する費用のことでした。この分類は損益計算書の売上原価、販売費及び一般管理費について行います。そして次の算式によって、損益分岐点売上高、つまり利益がちょうどゼロとなるような売上高はいくらであるかを求めます。それを上回れば黒字になるというわけです。

損益分岐点売上高③ ＝固定費／｛1－（変動費÷売上高①）｝

　　　　　　　　　　 ＝固定費／（1－変動費率）

限界利益率　　　　　 ＝（1－変動費率）②

この算式の意味について見ていきましょう。

たとえば販売する商品は1種類、売上に対する変動費は商品の仕入のみ、それ以外の経費はすべて固定費であったとします。

　この場合、前述した①の「変動費÷売上高」とは、売値に対する原価の占める割合、つまり原価率ということになります。そして、②の限界利益率（「1−変動費率」）とは、言いかえると「1−原価率」、つまり商品1個当たりの粗利益率（以下「利益率」）にきわめて近い数字ということになります。商品何個分の売上高を上げれば、固定費がまかなえるかを知るための数式ともいえます。要するに③の損益分岐点売上高は、「固定費÷利益率」で算出されるというしくみです。

　固定費の金額を低くおさえれば、損益分岐点売上高も低くなります。つまり、黒字にもっていくための目標売上高のハードルも下がり、達成しやすくなるというわけです。また、利益率についても同じことがいえます。利益率が高い付加価値の多い商品であれば、すぐに固定費を上回ることができますし、反対に利益率が低いと損益分岐点売上高の金額も高くなり、目標達成が厳しくなります。

　それでは具体的に損益分岐点を計算してみましょう。たとえば、売上高が2000万円、変動費が1200万円、固定費が600万円、利益200万円の会社があったとします。

　まず変動費率は1200万÷2000万＝0.6です。限界利益率は1−0.6＝0.4です。よって損益分岐点売上高は600万÷0.4＝1500万円となります。

　このように、損益分岐点は上記の算式で求められますが、グラフを作成することで、「売上高」「コスト」「利益」の関係がより明らかになります。

　まず、横軸に売上高をとります。縦軸にコストをとります。そして斜めに45°の斜線を引きます。そして固定費として縦軸の600万円のところに平行線を引きます。次に売上高2000万円のところから垂直線を引き、固定費の上に1200万円分の変動費をとります。その点と600万円の線を直線で結びます。その直線と斜線が交わる点が損益分岐点と

第4章 ◆ 決算書のしくみ　　117

なります。この場合の損益分岐点は1500万円となります。前述した計算式で計算しても同じ結果になるはずです。

つまり、売上高が1500万円の時は、損益がトントンの状態です。売上高が1500万円より少ない場合は損失が生じ、1500万円を上回る場合は利益が生じます。

なお、「利益を200万円出したい」という場合にも、算式を応用することができます。（固定費＋目標利益）を限界利益率で割れば必要な売上高を求めることができます。具体的には、（600万円＋200万円）÷（1－0.6）＝2000万円です。2000万円の売上を達成すればコストを引いた後の利益が200万円になります。

目標達成に必要な売上高　＝（固定費＋目標利益）÷限界利益率

■ 損益分岐点

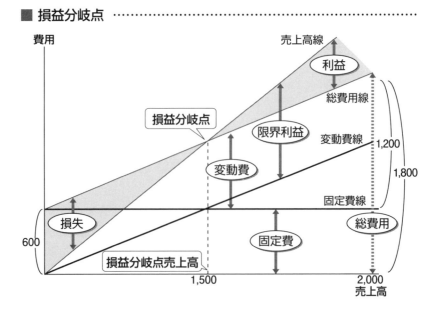

貸借対照表と損益計算書の違いがよくわかりません。なぜ両方作成する必要があるのでしょうか。両者の関係について教えてください。

損益計算書とは、企業活動において一会計期間の経営成績を表示する決算書です。一会計期間とは、決算日の翌日から次の決算日までの1年間のことです。これに対して、**貸借対照表**とは、決算日現在など一定時点の企業の財政状態を知るための決算書です。財政状態とは、企業がどのように資金を集めて、その集めた資金をどのような資産に投下しているのかという資金の調達源泉とその運用形態の関係のことです。

貸借対照表と損益計算書はどう違うのでしょうか。この2つの関係について、シンプルな具体例を使って見ていきましょう。

たとえば、現金1万円を元手に商売をはじめるとします。このとき貸借対照表は、左側に現金1万円と表示されています。右側は、商売のために出資されたお金ということなので資本金です。ただし、この時点ではまだ収益も費用も動きがないので損益計算書はできません。そして、1万円分の商品を仕入れて2万円で売りました。すべて売れて現金2万円を受け取ったとします。この時点で貸借対照表の左側に現金2万円が、そして「仕入1万円、売上2万円」が損益計算書に表示されます。差額の1万円が利益です。貸借対照表の右側には、資本金1万円に加えて商売で儲けた1万円分が利益剰余金として蓄えられることになります。

このまま商売を継続した場合、損益計算書には売上、仕入の金額がどんどん加算されていきます。一方貸借対照表には、常にその時点の資金の状態が表されます。貸借対照表とは、たとえるならば開けた時点でのお金の状態を見ることができるお財布のようなものといえます。

貸借対照表では決算日現在の資産（現金・預金など）、負債（借入金・

第4章 ◆ 決算書のしくみ　119

未払金など）、純資産（資本金など）を表示します。貸借対照表の左側は「資産の部」です。企業が調達してきた資金がどのような形に姿を変えて運用されているかを表わしています。預金のようにすぐに現金化できる資産もあれば、土地、建物のようにすぐに現金化できない資産もあります。また、資産価値がなく一定の期間内に全額償却される繰延資産などもあります。

　貸借対照表の右側は、資金の調達源泉、つまり、どこから資金を調達したかを表わしています。資金の調達先にはいろいろありますが、これらの調達資金は返済義務があるかどうかによって2種類に分けられます。

　たとえば、銀行からの借入金は必ず期日には返済しなければなりません。このように返済義務のある調達資金を「負債」といいます。資金を出してくれた人を「債権者」といい、会社は「債務者」ということになります。

　これに対して、会社における資本金は、返済不要の資金源になります。このように返済義務のない調達資金を「自己資本」といいます。そして、返済義務のない資金（資本金）を出してくれた人のことを「株主」といいます。また、今まで、会社が儲けた利益の蓄えである「利益剰余金」なども返済義務を伴わない資金源のひとつとなります。

　このように負債と純資産が、貸借対照表の右側に表示されます。

　つまり、貸借対照表の右側は、その会社がどこからお金を集めたかという資金の調達源泉を表わしています。

　貸借対照表とは、決算日時点における企業の財政状態を報告する決算書です。この貸借対照表が作成される基準となる日のことを貸借対照表日といいます。

7 貸借対照表の構成を知っておこう

「資産の部」「負債の部」「純資産の部」の3つから構成されている

貸借対照表の構成

　貸借対照表はバランス・シートとも呼ばれ、一定時点（期末、四半期末、月末）における会社の財政状態を表わし、「資産の部」「負債の部」「純資産の部」の3つの部から構成されます。

　「資産の部」は、「負債の部」と「純資産の部」の合計と常に等しくなります。これがバランス・シートと呼ばれる理由です。その3つの構成を式で表わすと次のようになります。

「資産の部」＝「負債の部」＋「純資産の部」

　貸借対照表の左側には、「資産の部」があり、会社の調達した資金がどのように運用されているかを表わしています。「資産の部」は大きく分けて「流動資産」「固定資産」「繰延資産」の3つから構成されています。この「資産の部」の合計は、「総資産」とも呼びます。

　貸借対照表の右側は、資金の調達源泉、つまりどこから調達したかを表しています。ここは「負債の部」と「純資産の部」から構成されています。会社を運営する資金を、金融機関など他人から調達した資金（負債）と株式の発行により調達した資金（純資産）に分けて表示をしているのです。「負債の部」は、返済期限の長さを基準に「流動負債」と「固定負債」に分けて表示しています。「純資産の部」は、「株主資本」と「評価・換算差額等」と「新株予約権」に分けて表示しています。

第4章 ◆ 決算書のしくみ　　121

左側のイメージをそれぞれつかもう

「資産の部」は、会社が保有する資産の一覧表です。つまり現金そのものか、将来現金へと変わるもの、現金を使って購入したものの集まりということになります。資産の中には将来現金に変わるものと、変わらないものとがあります。たとえば手形や売掛金、運用目的の証券などは近いうちに現金に変わる可能性のある資産です。また、不動産など長期保有目的で取得した資産は、会社が処分しない限り現金化することはまずありません。「資産の部」では、これらの資産について、現金化しやすいものから順に上から表示されています。

右側のイメージをつかもう

貸借対照表の右側は資金の調達源泉ということでした。つまり、お金が入ってきた原因や、将来お金を支払う理由が表示されているといえます。たとえば「資本金として株主からお金を調達した」「買掛金や未払金として将来支払うべき金額がある」などです。

右側部分は「負債の部」と「純資産の部」の大きく2つに分かれています。負債を他人資本、純資産を自己資本ともいいます。これは、お金を「誰から」入手したのかということを意味します。他人資本ということは、他人から入手したお金です。いずれは返済しなければなりません。一方、自己資本は、言葉通り会社自身のお金です。返済する必要はありません。他人資本である負債についても、返済期日が迫っているものと当分返さなくてよいものがあります。「負債の部」では、返済期日の早いものから順に表示されています。

両者はどう違うのか

決算書は、複式簿記を使った仕訳作業の完成形といえます。複式簿記では、お金が入るときは左側の借方に、出ていくときは右側の貸方に表示します。つまりお金は左から入って右へ出るイメージです。

これを踏まえて貸借対照表を見てみましょう。左側には、まずは入ってきた現金があります。その下にはその現金で買った物、将来現金が入ってくる予定が並びます。一方、右側にはお金を調達した原因や理由が並ぶと前述しました。つまり、現金や現金から形を変えた物など、現存するものはすべて左側に表示されていることになります。

■ 貸借対照表 ……………………………………………………………………

貸借対照表
平成31年3月31日

(単位：円)

資産の部		負債の部	
流　動　資　産	744,453	流　動　負　債	304,440
現金及び預金	285,380	支　払　手　形	9,150
受　取　手　形	40,268	買　　掛　　金	75,210
売　　掛　　金	120,659	短　期　借　入　金	126,000
有　価　証　券	253,618	未　　払　　金	26,500
商　　　　　品	35,692	未払法人税等	18,685
前　払　費　用	10,336	預　　り　　金	23,465
貸　倒　引　当　金	△1,500	賞　与　引　当　金	25,430
固　定　資　産	182,971	固　定　負　債	240,125
有　形　固　定　資　産	96,366	社　　　　　債	75,000
建　　　　　物	72,520	長　期　借　入　金	120,000
機　械　装　置	15,530	退職給付引当金	45,125
車　両　運　搬　具	2,356		
土　　　　　地	5,960	負　債　合　計	544,565
無　形　固　定　資　産	150		
の　　れ　　ん	25		
ソフトウエア	125	純資産の部	
投資その他の資産	86,455		
投　資　有　価　証　券	65,830	株　主　資　本	323,000
出　　資　　金	18,560	資　　本　　金	70,000
長　期　貸　付　金	1,520	資　本　剰　余　金	53,000
長　期　前　払　費　用	563	利　益　剰　余　金	200,000
貸　倒　引　当　金	△18	評価・換算差額等	35,000
		新　株　予　約　権	25,000
繰　延　資　産	141		
社　債　発　行　費	141	純　資　産　合　計	383,000
資　産　合　計	927,565	負債・純資産合計	927,565

第4章 ◆ 決算書のしくみ　　123

8 流動資産・固定資産・繰延資産とはどんなものなのか

「資産の部」は、「流動資産」「固定資産」「繰延資産」に分けられる

流動資産とは

　「資産の部」は、「流動資産」「固定資産」「繰延資産」に分けられます。**流動資産**とは、流動性が高い資産ということです。流動性が高いということは現金化しやすいという意味です。つまり、流動資産とは、企業の保有する資産のうち、おもに1年以内に現金として回収されるものです。

　現金、預金の他に商品や製品、売掛金、受取手形なども流動資産に含まれます。商品や製品は売れれば現金や売掛金又は受取手形になります。売掛金は回収すれば現金になり、受取手形は期日が到来すれば現金になるからです。このため、これらは流動資産に含まれます。

　「現金及び預金」とは、通貨及び普通預金、当座預金並びに1年以内に満期となる各種の預金をさします。

　「受取手形」とは、商品の販売の対価として受け取った手形債権をさします。「売掛金」は、商品の販売（引渡し）は完了していますが、まだ代金回収が行われていないものをさします。商品以外の土地などの売却代金の未回収部分は、売掛金ではなく未収入金となります。売掛金は、比較的回収が容易なはずですが、相手企業の倒産等で貸倒れ（債権が回収できなくなること）になってしまうリスクがありますので、売掛金のすべてが現金で回収できるわけではありません。このため、決算時において過去の回収できなかった割合を示す貸倒実績率を参考にして計算した回収不能見込額を貸倒引当金としてあらかじめ計上しておきます。これが流動資産の一番下にある「貸倒引当金」で△（－（マイナス）のこと）がついている科目です。

124

「有価証券」とは、通常の売買を目的とした株式や1年以内に満期の到来する社債やその他の債券などをさします。「商品」とは、販売目的で他社から仕入れたもののうち、決算期末に残っている在庫のことです。

「前払費用」とは、地代家賃、リース料、支払利息、保険料など期間を対象にして計算して支払われる経費について、今期支払ったもののうち、来期以降の期間に対応するため、つまり来期以降に役務の提供を受けるために資産計上されるものです。

■ 固定資産とは

固定資産とは、容易には現金化されない資産で、販売目的ではなく、1年を超えて継続的に会社で使用したり投資している資産をいいます。固定資産は、さらに、有形固定資産、無形固定資産、投資その他の資産に分類されます。

「有形固定資産」とは、固定資産のうち、建物、機械装置、車両運搬具、土地などのように実際に物としての実体がある資産で、長期間にわたって事業に使用する目的で保有する資産をいいます。「無形固定資産」とは、固定資産のうち、のれんやソフトウェアなどのように形がないものをいい、経済的な収益力や法律で認められた特別な権利をいいます。

「投資その他の資産」とは、固定資産のうち、投資有価証券、出資金、長期貸付金などのようなものをさします。

■ 有形固定資産・無形固定資産の中身

次に、具体的な勘定科目の内容を見ていきましょう。

「建物」とは、土地に定着して建設された事務所、営業所、工場、倉庫などの建物のことです。「機械装置」とは、原材料などを加工する工場の各種製造設備全般のことです。「車両運搬具」とは、自動車、

第4章 ◆ 決算書のしくみ　　125

トラック、バス、オートバイ、フォークリフトなどです。「土地」とは、事務所、工場、駐車場、資材置場などの敷地のことです。勘定科目でいう「土地」とは、営業目的のために使用される土地をいいますので、不動産販売業のように販売目的のために持っている土地は「商品」として流動資産になります。

建物、機械装置、車両運搬具などの資産は使用や時の経過によってその価値が減っていきます（減価）。このような資産を減価償却資産といいます。これに対して土地は、建物などの有形固定資産とは異なり、使用や時の経過によって価値が減っていくものではありませんので、資産であっても減価償却の対象から除外します。

また、建物のように使用や時の経過によって減価する資産の貸借対照表に記載する金額は、購入時の金額から、今までの減価部分相当額（減価償却累計額といいます）を控除した金額となります。減価償却累計額の貸借対照表上への表示については、建物や機械などの科目別に減価償却累計額を表示する方法と、減価償却累計額控除後の残額を記載して累計額を注記する方法があります。

■ 無形固定資産の中身

「のれん」とは、法律上の権利ではありませんが、企業が合併や買収の際に支払った金額のうち、買収された会社の純資産額を上回った部分のことをいいます。企業の長年にわたる伝統や社会的信用、立地条件、特殊な製造技術などにより、同業他社を上回る企業収益の獲得に貢献することができると認められる無形の財産的価値のことです。

「ソフトウェア」とは、コンピュータに一定の仕事を行わせるためのプログラム（コンピュータソフト）のことです。

■ 投資その他の資産の中身

投資有価証券とは、企業の持ち合い株式や、満期までの期間が1年

超の債券、市場での価格がない有価証券など会社が長期で保有している株式や債券のことです。出資金とは、株式会社以外の企業等に対する出資などです。長期貸付金とは、従業員などに対する貸付金のことです。返済期限が1年を境に短期貸付金勘定と長期貸付金勘定に分けられます。

■ 繰延資産とは

　貸借対照表の「資産の部」には、流動資産にも固定資産にも属さない「繰延資産」という資産があります。

　繰延資産とは、過去に支出した費用の中で、その支出した効果が、これから先の来期以降も企業に影響を及ぼすと考えられるものをさします。このように繰延資産とは、その支出の効果が将来の期間に影響する特定の費用のことですから、来期以降の期間に配分して、少しずつ費用化していきます。そのため、費用化されるまでの期間は、貸借対照表の「資産の部」に計上されます。繰延資産は、すでに代金の支払は済んでいて、これに対応するサービスの提供を受けたにもかかわらず、その効果が将来にわたって現れると期待される費用です。

　流動資産や固定資産は、将来にわたる利用価値も含めて、財産的な価値のあるものです。これに対して繰延資産は、財産的な実体もなければ財産的な価値もありません。それではなぜ、資産に計上する必要があるのか疑問に思うかもしれません。繰延資産は、その支出の効果が、将来にわたって長期的に期待されるため、時の経過に応じて少しずつ費用化した方がよいとされています。ですから、いったん資産に計上して、少しずつ費用化することが認められているわけです。

■ 繰延資産の中身はどうなっているのか

　会社計算規則では、繰延資産として計上することができる項目（繰延資産に属する項目）については、「繰延資産として計上することが

第4章 ◆ 決算書のしくみ　　127

適当であると認められるもの」とだけ規定していて、具体的な支出の個別列挙はしていません。

　しかし、本来、繰延資産には財産的な価値がないため、その計上が無制限になされることは問題があります。さらに資産計上した場合においても一定期間内に費用化する必要があります。

　そこで、企業会計基準委員会は、実務対応報告として、平成18年8月に「繰延資産の会計処理に関する当面の取扱い」を公表し、以下の項目を繰延資産として取り扱うものとしました。①株式交付費、②社債発行費等、③創立費、④開業費、⑤開発費の5つです。

■ 繰延資産の種類 ‥‥‥‥‥‥‥‥‥‥‥‥‥‥‥‥‥‥‥‥‥‥‥‥‥‥‥‥

項　　目	内　　　　容
株式交付費	株式募集のための広告費、金融機関の取扱手数料、証券会社の取扱手数料、目論見書・株券等の印刷費、変更登記の登録免許税、その他株式の交付等のために直接支出した費用をいう。
社債発行費	社債募集のための広告費、金融機関の取扱手数料、証券会社の取扱手数料、社債申込証・目論見書・社債券等の印刷費、社債の登記の登録税その他社債発行のため直接支出した費用をいう。
創立費	法人を設立するために通常必要となる費用。たとえば、定款及び諸規則作成のための費用、株式募集その他のための広告費、株式申込証・目論見書・株券等の印刷費、創立事務所の賃借料、設立事務に使用する使用人の手当給料等、金融機関の取扱手数料、証券会社の取扱手数料、創立総会に関する費用その他会社設立事務に関する必要な費用、発起人が受ける報酬で定款に記載して創立総会の承認を受けた金額並びに設立登記の登録税等をいう。
開業費	法人設立後、営業を開始するまでの開業準備のため特別に支出した費用。名刺やチラシ、会社案内やパンフレットなどの広告宣伝費や市場調査費用、打ち合わせの費用などが含まれる。
開発費	新技術又は新経営組織の採用、資源の開発、市場の開拓等のために支出した費用、生産能率の向上又は生産計画の変更等により、設備の大規模な配置替を行った場合等の費用をいう。ただし、経常費の性格を持つものは開発費には含まれない。

9 「資産の部」はこう読む

ムダな資産がないかチェックしよう

■ どんな状態がベストなのか

　「資産の部」はどのような状態がよいのでしょうか。会社経営に一番大事な資産はやはり現金です。要するに、現金、あるいはすぐに現金化するような流動性の高い資産が多い方が、ベストな状態といえます。

　「資産の部」は、現金と、現金に変わるかもしれない資産と、現金で買った資産のリストです。このように考えると、資産として投資した分のお金はできるだけ有効活用し、少しでも将来の利益につながらなければ、ムダになってしまうということになります。

　ムダをチェックするにはおもに3つのポイントがあります。まずは在庫を持ちすぎないこと、次に不良債権予備軍のチェック、最後に眠っている資産はできるだけ整理するということです。どういうことなのか、以下で見ていきましょう。

■ 在庫は持ちすぎない

　まずは、在庫を持ちすぎないということについてです。

　在庫は、「欠品を防ぐ」「まとめて仕入れることで単価が安く抑えられる」「顧客のニーズに応えられないと困る」などの理由から、一定量保有する必要もあるかもしれません。

　しかし、会社経営においては、在庫はできるだけ少ない状態を維持するのがよいとされています。貸借対照表上、在庫は資産です。資産が増えるとなぜいけないのでしょうか。

　在庫が増えるということは、基本的には現金が減ることになります。在庫が増えると、売り上げて現金を回収するまでに時間がかかってし

第4章 ◆ 決算書のしくみ　　129

まいます。仕入過多の状況が、資金繰りを圧迫する一番の要因といえるのではないでしょうか。

また、劣化する商品の場合、時間の経過と共に商品価値は落ちてしまいます。この先売れる見込みがないような不良在庫は、原価割れをしてでもお金に変えた方が会社のためになるかもしれません。

健全な財政状態を維持するためには、常時しっかりマーケティングを行い、在庫管理を徹底し、ムダな仕入をしないよう心がけることが重要です。これを地道に行うことで、財務内容は改善されていきます。

■ 不良債権予備軍に注意する

商取引の慣習において、仕入れ代金は「掛け」と呼ばれる後払いのシステムが一般的です。いわゆるツケです。支払う側であれば「買掛金」という流動負債、受け取る側であれば「売掛金」という流動資産になります。以下ではこの「売掛金」について説明していきます。

得意先など取引が頻繁に行われる関係にある場合、一定期間ごとに売掛金を集計して代金を請求します。請求を受けた得意先は、たとえば「月末〆の翌月末支払」など、あらかじめ取り決められた条件に従って支払うことになります。このとき、支払条件どおりに入金されていない売掛金が残っていると、不良債権予備分として問題となってくるわけです。入金の遅れている売掛金は、定期的にチェックをして、相手に督促をして確実に回収する必要があります。

売掛金は、流動資産として表示されます。多くの流動資産があれば、近いうちに現金化する「良い資産」をたくさん保有しているように見えるかもしれません。しかし、不良債権予備軍が潜んでいることもあります。まめにチェックをして溜めこまないことが、健全な財政を維持する秘訣だといえます。

■ 眠っている資産を整理する

　「資産の部」を見ると、会社が何にお金を使ったのかがわかります。会社がお金を払って入手した資産が、さらにお金を生み出すためには、上手に活用する必要があります。大枚を払って手に入れた立派な資産も、今後の利益に繋がらなければ、お金を寝かせているのと同じで意味がないのです。資産の一覧を眺めて、ムダな買い物がないかをチェックしてみましょう。特に固定資産です。たとえばまったく使用されていない不動産も、売却してお金に換えれば運転資金として活用できます。また、賃貸して運用するというのも1つの方法です。

■ 貸借対照表「資産の部」……………………………………………………

貸借対照表　　　　(単位：円)

資 産 の 部

流　動　資　産	744,453
現金及び預金	285,380
受　取　手　形	40,268
売　　掛　　金	120,659
有　価　証　券	253,618
商　　　　　品	35,692
前　払　費　用	10,336
貸　倒　引　当　金	△1,500
固　定　資　産	182,971
有 形 固 定 資 産	96,366
建　　　　　物	72,520
機　械　装　置	15,530
車　両　運　搬　具	2,356
土　　　　　地	5,960
無 形 固 定 資 産	150
の　　れ　　ん	25
ソフトウエア	125
投資その他の資産	86,455
投　資　有　価　証　券	65,830
出　　資　　金	18,560
長　期　貸　付　金	1,520
長　期　前　払　費　用	563
貸　倒　引　当　金	△18
繰　延　資　産	141
社　債　発　行　費	141
資　産　合　計	927,565

流動資産：一年以内に現金化

固定資産：一年を超えて使用・投資

資金の運用形態

第4章 ◆ 決算書のしくみ　131

10 「負債の部」を詳しく見てみよう

返済期日によって流動負債と固定負債に区分される

■「負債の部」とは

貸借対照表の右側を見ていきましょう。ここには資金の調達源泉である「負債の部」と「純資産の部」があります。

「負債の部」は将来支払う債務であり、いずれも会社が他人から調達した資金であるため「他人資本」といいます。そして、「負債の部」は、「資産の部」を流動資産と固定資産に区分したのと同様の基準によって、返済期限が1年以内のものを「流動負債」とし、1年超のものを「固定負債」として区分しています。

■ 流動負債の中身は

流動負債の中身を確認しておきましょう（次ページ図参照）。

支払手形とは、買掛金などの債務の支払いのため自社が振り出した手形のうち、まだ決済されていない（手形の支払期日が来ていない）ものの残高です。買掛金とは、原材料や商品を購入することによって生じた仕入先に対する債務（借金）のことです。この買掛金は、得意先に対する商品や製品の売上代金である売掛金に対応する債務と考えてみると理解しやすいと思います。短期借入金とは、銀行から借り入れた設備資金、運転資金及び個人からの借入金や親会社からの借入金などで、1年以内に返済期限が到来するものです。未払金とは、会社の主たる営業取引から生じる債務である買掛金以外の未払額を処理する勘定科目です。つまり、買掛金が、商品や原材料など仕入先との間の営業上の代金の未払額であるのに対して、未払金は、建物、機械装置、車両運搬具など固定資産の購入代金の未払額や有価証券の購入代

■ 貸借対照表「負債の部」 ………………………………………………

貸借対照表 (単位：円)

負債の部

流　動　負　債	304,440
支　払　手　形	9,150
買　　掛　　金	75,210
短　期　借　入　金	126,000
未　　払　　金	26,500
未　払　法　人　税　等	18,685
預　　り　　金	23,465
賞　与　引　当　金	25,430
固　定　負　債	240,125
社　　　　債	75,000
長　期　借　入　金	120,000
退　職　給　付　引　当　金	45,125
負　債　合　計	544,565

純資産の部

株　主　資　本	323,000
資　　本　　金	70,000
資　本　剰　余　金	53,000
利　益　剰　余　金	200,000
評価・換算差額等	35,000
新　株　予　約　権	25,000
純　資　産　合　計	383,000
負債・純資産合計	927,565

資金の調達源泉

他人資本

自己資本

第４章 ◆ 決算書のしくみ　133

金などの未払額です。未払法人税等とは、会社に対して課される法人税、住民税及び事業税の未払額です。預り金は、給料から控除した（預かった）源泉所得税、住民税、社会保険料等の預り金です。賞与引当金とは、来期になって支払う予定の賞与の当期負担の見積額です。

固定負債の中身は

次に固定負債の中身を見ていきましょう（前ページ図参照）。

社債とは、長期に使える資金を外部から調達する手段として発行する社債の発行残高です。長期借入金とは、銀行などの金融機関からの借入金などで、決算日から1年を超えて返済期限が到来するものです。退職給付引当金とは、将来の退職金の支給に備えて、各事業年度において負担すべき金額を見積って費用として計上したものです。

引当金とは

「負債の部」の引当金とは、期間損益計算を適正に行うために、将来、支払われる費用のうち、当期の負担に属すべきものを合理的に見積って計上することにより、結果として貸借対照表に計上される項目です。

たとえば、賞与は、年2回、夏季と冬季に支給することが日本の慣行として定着しています。この場合、賞与を支給した事業年度に費用計上するのではなく、翌事業年度において支払われる金額のうち、当期の負担に属すると見積られる金額を当期において費用計上します。なぜなら、そうする方が適正な期間損益計算だからです。この場合に使用する負債の科目が賞与引当金です。

ただ、法人税法では、引当金に計上できるものを限定しています。なぜなら、引当金は見積計上ですので、無制限の引当金計上を認めると、納めるべき税額が過少に申告される恐れがあり、客観性や公平さを欠くからです。

11 「純資産の部」を詳しく見てみよう

自己資本比率が高いほど、財政は安定している

■「純資産の部」とは

貸借対照表の右側部分は、会社で使う資金の調達源泉である「負債の部」と「純資産の部」に区分されます。負債は「他人資本」、純資産は「自己資本」とも呼ばれています。他人資本は、他人への返済義務のあるお金ということです。これに対して自己資本は、返済義務のないお金です。

「純資産の部」は、株主資本と株主資本以外の各項目との大きく2つに区分されます。

さらに「株主資本」は、「資本金」「資本剰余金」「利益剰余金」及び「自己株式」に区分されます。また、「株主資本以外の各項目」は、「評価・換算差額等」及び「新株予約権」に区分されます。

「自己株式」「評価・換算差額等」及び「新株予約権」は上場企業のような大きな会社でなければあまり使用しない科目です。本書での説明は省略します。

■ 株主資本の中身は

「株主資本」は、従来の貸借対照表の「資本の部」のうち、「資本金」「資本剰余金」「利益剰余金」など、株主自身の持分を表わしています。投資家の立場からすれば、この「資本の部」から「純資産の部」への変更により、「純資産」のうちの株主の純然たる持分を表わす「株主資本」と「株主資本以外の各項目」との区別がしやすくなりました。

資本金とは、株主が出資したお金、つまり会社の設立や増資による

第4章 ◆ 決算書のしくみ　135

新株発行に対して、株主が払い込んだ金額のことです。

資本剰余金とは、株主が払い込んだお金のうち、資本金に組み入れられなかった部分などです。「利益剰余金」とは利益の蓄積、つまり利益の内部留保としての性格を持つ部分です。

株主資本は、株主が払い込んだ資本金や資本剰余金、利益剰余金から構成されていて、自己資本と呼ばれています。

■ 自己資本比率とは

自己資本比率は会社経営の安全性を表わす数値です。借入より自己資本が多い方が、より健全な会社といえます。しかし規模が大きくなると、金額を見ただけではもう一つ状況がつかめません。判断が難しいので、わかりやすくするため、パーセンテージの数値で表わしているわけです。自己資本比率が高いほど経営は安定し、倒産しにくい会社となります。それは会社だけではなく一般の家庭でも同じです。住宅ローンの返済が多ければそれだけ家計に負担をかけることになります。返済できなければ住宅の売却を考えなければなりません。

この自己資本比率とは、返済不要の自己資本が会社全体の資本調達の何％あるかを示す数値であり、自己資本÷総資本（自己資本＋他人資本）という式で算出します。

たとえば、会社の調達した資金が100である会社があるとします。そして、この会社の自己資本が40であり、他人資本が60であるとします。この場合、この会社の自己資本比率は次のようになります。

40÷（60＋40）＝0.4（自己資本比率40％）

この会社の自己資本比率は40％です。

この会社は資金の60％を借入金などの他人資本でまかなっているということになります。投資家や金融機関なども自己資本比率を目安にして、その会社が安定しているのかどうか、倒産しにくい体質なのかどうかといったことを判断することもあります。

ただ、自己資本比率という指標はあくまでも会社経営の状態を客観的にみるための判断材料のひとつですので、比率が高いからといって安全な会社であるとは言い切れません。

■ 自己資本の増加は何を意味するのか

　自己資本比率が高いということは、裏を返せば負債が相対的に少ないことを示しています。つまり返済義務のないお金を、潤沢に持っているということです。

　負債が多いと元本の返済も資金繰りの面で大変です。同時に金利負担が重くなり、会社の利益を減少させることになります。金利の支払いは「支払利息」という科目で損益計算書の営業外費用として計上されることになるからです。

　自己資本比率が低い企業は、借入金に依存した経営を行っているわけですから、会社の資金繰りが厳しいはずです。当然、銀行も返済してもらえるか不安ですから、融資を控えるようになります。自己資本比率の低い会社は、信用されにくく資金調達が一層難しくなります。反対に自己資本比率が高い会社は、会社の信用度が高いためスムーズに融資を受けられるわけです。

　一言に「自己資本率を高める」といっても、簡単なことではありません。資本を増やす、つまり資本金を増やすということで、株主を募って増資を行えば達成できます。しかし、増資をするということは、それなりに時間もコストもかかります。都合よく投資家が集まる確証もありません。また、負債を資本に振り替えるという方法もありますが、こちらも同様で、手続きは簡単とはいえません。それではどうすればよいでしょうか。自己資本率を高める方法として、会社が「自力」でできる方法が1つあります。

　自己資本比率を高める一番有効な方法は、会社が儲けて利益を上げることです。これを繰り返して、会社の設立から今日まで会社の儲け

第4章 ◆ 決算書のしくみ　　137

から蓄積した利益の合計額である「利益剰余金」を増加させることです。利益剰余金が増加すると純資産つまり自己資本の額も増加しますので、自己資本比率も高くなるというわけです。

「利益剰余金」が大きければ大きいほど、安全性が高い会社だといえます。「利益剰余金」の大きさで会社の優良度がひと目でわかります。

■ 自己資本利益率とは

自己資本利益率とは、株主資本利益率あるいはROEとも呼ばれ、自己資本のうちに当期純利益の占める割合をいいます。自己資本とは純資産のことです。当期純利益とは、損益計算書の一番下に表示される、税引き後の最終利益のことです。

当期純利益として獲得した儲けは、一部を配当として株主に分配し、残りは利益剰余金として会社内部に蓄積されます。内部に蓄えられた利益は、長期的に見ると会社の株式の価値を高める効果があります。つまり当期純利益は、株価の上昇部分と株主への還元部分の源となっているというわけです。

ROEは、企業の収益力と成長を示しています。株価の値上りと配当によって、株主への見返りがどの程度あるのかが反映されており、投資家が注目する指標といえます。

ただし、経営者や債権者にとっては、あまりなじみのない指標かもしれません。

ROE（％）＝当期純利益÷純資産合計×100

■ 債務超過になる場合とは

貸借対照表は、左側の資産の部と右側の負債、「純資産の部」のバランスにより成り立っています。ところが経営が悪化すると、負債が膨

らんでしまい、左側の資産の総額を超えてしまうような場合があります。これを**債務超過**といいます。前述の自己資本比率でいうと、純資産合計がマイナスになるため、０％を通り越してマイナスの状態です。

　債務超過になると、会社の保有している財産をすべて処分しても、さらに借金が残ってしまうということになります。このような状態になってしまうと、銀行はお金を貸してくれません。それどころか今残っている融資の回収を急ぐことになるでしょう。また、取引先の信用もなくなります。一刻も早く状況を改善したくても、どんどん取立が厳しくなり、難しい状況に追い込まれてしまうことになるわけです。

　このように債務超過とは、実質的には経営破たんしたのも同然であり、非常に深刻な状態だといえます。

■ 貸借対照表「純資産の部」…………………………………………………

貸借対照表　　　（単位：円）

負債の部	
流　動　負　債	304,440
支　払　手　形	9,150
買　　掛　　金	75,210
短　期　借　入　金	126,000
負　債　合　計	544,565
純資産の部	
株　主　資　本	323,000
資　　本　　金	70,000
資　本　剰　余　金	53,000
利　益　剰　余　金	200,000
評価・換算差額等	35,000
新　株　予　約　権	25,000
純　資　産　合　計	383,000
負債・純資産合計	927,565

純資産

第４章 ◆ 決算書のしくみ　139

12 株主資本等変動計算書を見てみよう

純資産の増減額を表示する書類である

■ 株主資本等変動計算書とは

株主資本等変動計算書は、貸借対照表の「純資産の部」の一会計期間における変動額を表わす書類です。

貸借対照表の「純資産の部」の項目を並べ、それぞれの前期末残高、当期変動額と変動事由、当期末残高を記載します。当期変動額は、変動事由ごとにプラスの要因とマイナスの要因との両方がそれぞれ「総額」で表示され、前期末±当期変動額と当期末残高が一致するようなしくみになっています。なお、マイナスの場合は「△」で表わします。

書類の型式としては、各項目を上から縦に列挙する「縦形式」と、「純資産の部」の各項目、増減金額と変動事由を縦横に表形式で表わす「横形式」との2種類があります。両者とも基本的な構造は同じですが、大企業では「縦形式」、中小企業では「横形式」の方が多く採用されているようです。

「純資産の部」が変動する代表的な要因には、新株の発行、自己株式の取得又は処分、剰余金の配当、剰余金から準備金や積立金への積立、当期純利益の発生による剰余金の増加などがあります。また、「純資産の部」には資本金や剰余金などの属する「株主資本」の他に、あまり馴染みはないかもしれませんが「評価・換算差額等」「新株予約権」「非支配株主持分」（連結決算の場合）という項目があります。

評価・換算差額等とは、投資有価証券や為替の含み損益などによる差額をいい、損益計算書ではなく「純資産の部」で直接評価する場合があります。新株予約権とは、将来株式を割り当てる権利のことをいいます。非支配株主持分とは、連結子会社の資本のうち、親会社が保

有していない部分のことをいいます。

このように、「純資産の部」については変動する要因も多様化しており、貸借対照表や損益計算書だけでは説明しきれないというのが、株主資本等変動計算書が財務諸表として必要とされる理由です。また、国際的な会計基準に協調するためともいわれています。

剰余金の配当

株式会社は、儲けた利益を株主に還元するため、配当を行います。一般投資家が財務諸表を読む場合、会社が配当をどれだけ支払うのかということも関心事のひとつだといえます。配当とは利益の分配であり、会計期間中に獲得した利益がその原資となります。会計期間中に獲得した利益は「繰越利益剰余金」として、いったん「純資産の部」に集められます。この剰余金から株主へ分配されるため、**剰余金の配当**といいます。

剰余金の配当は、原則として決算後の株主総会で決議され、株主への支払は翌年度中に行われます。例外として、取締役会の決議による中間配当や、その他何度でも配当を行うことのできる場合もあります。株主資本等変動計算書に記載される「剰余金の配当」の金額とは、その会計期間中に「実際に株主へ支払われた金額」です。つまり、前会計期間の決算で決定された額や、中間配当などの額が記載されているということです。当期末の剰余金の配当額が決定している場合は、「注記」として、欄外に記載されます。このように株主資本等変動計算書は、利益の使い途を明らかにする書類でもあります。

ところで中小企業の場合、配当を行わない会社の方が多いのではないでしょうか。中小企業では社長自身やその親族が株主となっているケースが多く、このような会社を**同族会社**といいます。同族会社が配当に積極的ではない理由は、株主は配当として還元されることより、むしろ会社そのものの成長に期待して出資しているからだといえます。

第4章 ◆ 決算書のしくみ　141

13 キャッシュ・フロー計算書とはどんなものなのか

「お金の流れ」を見るための財務諸表である

■ 3つの区分でキャッシュの流れを見る

　現金（キャッシュ）の流れ（フロー）のことをキャッシュ・フローといいます。**キャッシュ・フロー計算書**とは、いくら現金が入り（キャッシュ・イン）、いくら出て行ったか（キャッシュ・アウト）を示す計算書類のことです。

　もし損益計算書に記載された利益＝現金であれば、キャッシュ・フロー計算書を作成する必要はありません。ところが現実には、売上が計上されても実際に現金が入ってくるまで時間がかかってしまう場合が多いのです。これは、一般的な商取引の習慣として、売掛金、買掛金といった後払いのシステムが採用されているためです。これを信用取引といいます。信用取引の場合、利益＝現金とはなりません。タイムラグが発生します。そこで、売上や儲けの計算とは別に、使えるお金が手元にどの程度あるのかを把握する必要が生じるわけです。つまりキャッシュ・フロー計算書とは、現金の出入りに注目した書類といえます。キャッシュ・フロー計算書においては、現金収支をその性質で3つに区分して表示します。キャッシュ・フロー計算書の3つの区分とは、①営業活動によるキャッシュ・フロー、②投資活動によるキャッシュ・フロー、③財務活動によるキャッシュ・フローです（①～③からわかることについては次ページ図参照）。

■ 従来の財務諸表との関係

　貸借対照表は、企業の決算時点での財政状態、つまり、資金をどこから調達して、どのように運用しているかを表わしている決算書です。

損益計算書は、会社の一会計期間の損益を各段階ごとに表示して、最終的に「当期純利益」がどのような過程を経て生み出されたのか表わしている決算書です。

　この「当期純利益」は、費用、収益とも現金主義により計上されているのではなく、費用は発生主義により、収益は実現主義により計上されています。損益計算書上の「当期純利益」は、実際にその会社がその期に獲得した現金（キャッシュ）とは異なっているわけです。

■ 直接法によるキャッシュ・フロー計算書の読み方

　キャッシュ・フロー計算書には、直接法によるキャッシュ・フロー計算書と間接法によるキャッシュ・フロー計算書の2つの種類があります。

　直接法によるキャッシュ・フロー計算書とは、営業活動によるキャッシュ・フローを営業収入、仕入支出など重要な取引ごとに総額でまとめた計算書です。

　まず、営業活動によるキャッシュ・フローです。営業収入は、損益計算書の売上高に、売掛金・受取手形の純増減額を加減算して、売上による入金額を算出します。仕入支出は、売上原価に買掛金・支払手

■ 3つのキャッシュ・フローからわかること ·····················

営業活動 キャッシュ・フロー	業績評価 及び 支払能力の 評価	●どれだけの資金が営業活動によって獲得 　されたか ●その資金で新規投資・営業能力維持のた 　めの追加投資を賄えるか ●外部からの資金調達なしで借入金の返 　済・配当金の支払が可能か
投資活動 キャッシュ・フロー	投資戦略の 評価	●将来の利益やキャッシュ・フローを生み 　出すための投資は十分か ●資産の売却の内容・価格等は適切か ●投資活動が財務状態に及ぼす影響などの 　評価
財務活動 キャッシュ・フロー	財務戦略の 評価	●営業活動と投資活動によって生じた資金 　の過不足が、どのように調達されたか

第4章 ◆ 決算書のしくみ　　143

形の純増減額と棚卸資産の純増減額を加減算して、仕入商品代金の支出高を算出します。人件費支出などは、損益計算書の販売費及び一般管理費の中に含まれている人件費関連の支出額から求めます。

次に、投資活動によるキャッシュ・フローです。投資活動には、ⓐ有価証券の購入による支出・売却による収入、ⓑ固定資産の購入による支出・売却による収入、ⓒ貸付の実行による支出・回収による収入、ⓓその他の投資による支出・回収による収入などがあり、これらの活動によるキャッシュ・フローの増減をこの区分で読むことができます。

最後に、財務活動によるキャッシュ・フローです。ⓐ長期借入金・短期借入金による収入・返済による支出、ⓑ社債の発行による収入、ⓒ株式の発行による収入・自己株式の買取りによる支出、ⓓ配当金の支払など財務活動のキャッシュ・フローの増減をこの区分で読むことができます。

■ 間接法によるキャッシュ・フロー計算書の読み方

間接法によるキャッシュ・フロー計算書は、営業活動によるキャッシュ・フローを損益計算書の税引前当期純利益から逆に計算する方法により、キャッシュ・フロー収支の状況をとらえた計算書です。実際に企業が使うキャッシュ・フロー計算書としては、こちらの方がポピュラーです。

間接法による営業キャッシュ・フローは、税引前当期純利益からスタートします。つまり、実現主義によって算出された税引前当期純利益に相当するキャッシュがいったん入金したと考えます。次に、実現主義と現金主義との違いをプラスマイナスして、現金ベースの「営業活動によるキャッシュ・フロー」を算出していくわけです。

なお、直接法と間接法の違いは、「営業活動によるキャッシュ・フロー」だけで、「投資活動によるキャッシュ・フロー」「財務活動によるキャッシュ・フロー」については、まったく同じです。

第5章

税率アップに対応！
消費税のしくみ

1 消費税とはどんな税金なのか

消費者が広く公平に負担する間接税である

■ 消費税とはどんな税金か

消費税とは、「消費をする」という行為に税を負担する能力を認め、課される税金です。「消費をする」とは、物を購入する、賃借する、情報などのサービスを受ける、というような行為です。

消費税を負担するのは法人・個人にかかわらず消費行為をした「消費者」です。消費税は、消費者から商品やサービスの代金といっしょに徴収されますが、実際には誰が納付するのでしょうか。

消費税は、実は税金を徴収した店や会社が納付することになっています。このように税の負担者が直接納付せず、負担者以外の者が納付するしくみの税金を間接税といいます。

平成元年（1989年）3％の税率で導入された消費税は、平成9年（1997年）4月1日から5％に、平成26年（2014年）4月1日から8％に税率が引き上げられました。そして、平成31年（2019年）10月1日からは10％に税率が引き上げられます（国税7.8％及び地方税2.2％）。

店や会社などが消費税を徴収する場合、その表示方法は、「税込」価格として本体価格と消費税を総額で表示することが原則となっています。ただし、平成26年4月以降の消費税率引上げに伴い、税抜価格での表示が認められるようになり、この総額表示義務は緩和されることになりました（163ページ）。

さらに、平成31年10月1日より、後述するように消費税の軽減税率制度が実施され、平成35年（2023年）10月1日からは適格請求書等保存方式が導入される予定です。

■具体例で見る流通の流れと消費税の申告・納付

　消費税は、店や会社などの事業者が消費者の代わりに徴収して納めるしくみです。買い物をしたときに店から受け取るレシートを見ると、本体○○円、消費税××円というように、内訳に消費税額が記載されています。しかし、この金額は、そっくりそのまま税務署へ納められるわけではありません。

　消費税を納めるべき事業者は、商品やサービスを消費者へ供給する立場ですが、一方で商品を仕入れたり備品を購入するため、消費者の立場でもあります。つまり、事業者は物品の購入等と共に税を負担し、消費者からは、売上と共に税を徴収しているということになります。

　もし、徴収した税額のみを納めた場合、自身が負担した税はコストの一部となり、販売金額に上乗せされてしまいます。税額が流通ルートに乗って、雪だるま式にふくれあがってしまうわけです。消費税の計算は、このような「税の累積」を排除するため、徴収した税額から

■ 消費税のしくみ

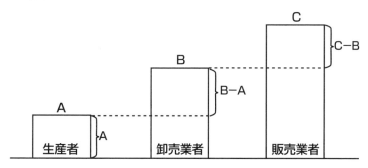

第5章 ◆ 税率アップに対応！消費税のしくみ　　147

負担した税額を控除して納めるしくみになっています。

　具体例を使って、商品の製造から消費者に届くまでの流れを見ていきましょう。なお、税率は10％とします。ある商品が製造業者甲社、卸売業者乙社、小売業者丙社を経て消費者に渡るとします。甲社は販売価格10,000円の商品を作ったとします。これに対する消費税額は1,000円です。これを乙社に販売した場合、甲社は乙社から徴収した1,000円の消費税を申告、納付します（製造のためのコストはなかったものとします）。

　乙社は10,000円で甲社から仕入れた商品を、丙社に20,000円で販売したとします。乙社は丙社から20,000円と消費税2,000円を徴収します。乙社が受け取った消費税は2,000円ですが、ここから甲社へ支払った1,000円を控除し、残額の1,000円を申告、納付します。

　丙社は、乙社から20,000円で仕入れた商品を、消費者に30,000円で販売したとします。消費者から徴収した消費税額は3,000円です。丙社は、消費者から徴収した消費税額3,000円から乙社へ支払った2,000円を控除して、1,000円を申告、納付します。消費者は、最終的に丙社を介して消費税を納めたことになります。

　ここで、甲社から消費者までの納付税額の流れを、１つの算式にしてみましょう。

　1,000円＋（2,000円－1,000円）＋（3,000円－2,000円）＝3,000円

　つまり、納められた消費税の合計額は、最終消費者が負担した3,000円と一致するということになります。甲社、乙社、丙社はそれぞれ分担して税を納付しているわけです。

■ 滞納には気をつける

　消費税は間接税であるという性質上、たとえ事業が赤字であったとしても、納税義務が生じる場合があります。詳しくは177ページで後述しますが、消費税は消費行為を行った時点で発生するため、代金が

回収できていなくても納税義務が生じる場合もあります。つまり、お金の流れと税の納付との間には時差があるということです。預かったお金をそのまま納付するしくみではないため、消費者に負担を求めなかった場合にも、事業者側の納税義務があるわけです。消費税は、滞納が多い税金であるというデータがあります。これは、お金の動きが流通について行かず、事業者が資金不足に陥ってしまうためであると考えられます。

■ 消費税率の変更でどんなことに気をつければよいのか

　消費税率が平成31年10月より８％から10%に変更になることに関連して、一部の経過措置（新しい制度に移行する際に生じる不利益や不都合を解消するための、一時的な対応のこと）が設けられています。経過措置は大きく分けて以下の３つです。

① 消費税還元セールの禁止

　平成31年10月１日以降、「消費税還元セール」など、あたかも消費者に消費税を負担させていないかのような誤解を与える宣伝文句は、禁止されています。消費税相当分の値引きをした場合でも、値引き後の販売価格には消費税が含まれています。消費税相当分の値引きを行うという表現は、消費者の誤解を招くと共に、他の事業者が消費税の増額分を消費者から徴収しにくくなるため、規制されています。

② 総額表示義務の緩和

　平成25年10月１日以降、値札などに税込価格で表示する「総額表示義務」が緩和されています。これは、消費税が５％から８％に変更される際に導入された緩和措置で、平成31年10月に10%に変更されても、事業者に事務負担をかけないための措置として一定期間緩和が継続されています。具体的には、平成33年３月31日までは、税抜価格であることを明確にした上で外税表示にすることや、税抜価格を強調して表示することが認められています。

第５章 ◆ 税率アップに対応！消費税のしくみ　149

③　旧税率8％が適用される場合

　平成31年10月1日からは、消費税率が10％に引き上げられます。ただし、平成31年10月1日前から継続して供給している電気、ガス、水道料金等で、平成31年10月1日から平成31年10月31日までに支払いが確定するものなど、一定の契約については旧税率8％の適用を認める経過措置が適用されます（166ページ）。

■ 税率引上げに伴い価格はどうなるのか

　消費税は、消費全般に対して課税されます。消費者が商品を購入する際に負担するのはもちろんですが、事業者が商品を製造するために仕入れる材料に対しても課税されることになります。つまり、消費税率が引き上げられれば、商品の製造原価も上昇するということです。事業者としては、販売価格に税率引上げ分の金額を上乗せできなければ、自身がその分を負担しなければならず、経営にも大きな影響が出ることになります。したがって、消費税の引上げにより一般の商品の販売価格も上昇する可能性が高いといえるでしょう。

■ 便乗値上げは認められない

　消費税率の引上げにより、価格の上昇が起こることに関しては、法的な規制はありません。前述したように、ある程度の価格上昇はやむを得ない部分があるでしょう。しかし、それはあくまで税率上昇に伴う適正な範囲の上昇のみです。中には「この機に乗じて値上げをしてもバレないだろう」と必要のない値上げを行おうとする事業者がいるかもしれませんが、消費者の生活に大きな負担を強いる可能性のある便乗値上げはしないよう求められています。

2 軽減税率について知っておこう

一定の取引については消費税の税率が軽減される

■ 軽減税率とは

　消費税の**軽減税率**とは、ある一定の商品の売買等を行う場合に、原則的に適用される消費税の税率ではなく、それよりも低い税率（軽減税率）を適用して、商品の購入者が負担する消費税を軽減させるという制度です。たとえば、原則的な消費税率が10％である商品Ａ、軽減税率が８％である商品Ｂがあったとします。ここで、100円の商品Ａを購入したときは、原則どおり10％（税込110円）の消費税が課されることになります。一方、100円の商品Ｂを購入したときは、８％（税込108円）となり、商品Ｂでは消費税が２円（２％）分軽減されるということになります。

■ なぜこのような制度が必要なのか

　消費税は、基本的に商品を売買するときに発生する税金です。そのため、所得の金額が多い人でも少ない人でも関係なく、同じ商品を同じ値段で購入した場合には、誰もが一律に同額の消費税を負担することになります。ここで、もし消費税の税率が上がった場合には、経済的弱者などの低所得者層に対してもそのまま変更後の高い消費税が課されることになり、個人の生活基盤が揺らぎ、健全な生活ができなくなる可能性があります。税金の重要な機能のひとつとして所得の再分配があり、高所得者層に対しては多くの税金を、低所得者層に対しては少ない税金を課すというのが基本です。しかし、消費税の場合は高所得者にも低所得者にも一律の税率となるため、低所得者層に税負担が大きくなるという「逆進性」といわれる現象が起こってしまいます。

第５章 ◆ 税率アップに対応！消費税のしくみ　151

逆進性とは、たとえば消費税率が一律に上がると、低所得者ほど収入に対する生活必需品の購入費用の割合が高くなるため、高所得者よりも収入に対する税金の負担割合が高くなってしまうことをいいます。
　そこで、このような低所得者層などの消費税の負担の増加を少しでも抑えるために、生活必需品を対象とした軽減税率を設ける必要があります。

■ どんなしくみになっているのか

　軽減税率は8％であるため、消費税の原則的な税率が10％に変更になったとしても、軽減税率の対象となる商品等は、従来の消費税率8％がそのまま据え置かれるということになります。同じ店の中に、消費税率が10％の商品もあれば、一方で軽減税率8％の商品が陳列されているということが起こりえます。

■ いつからはじまるのか

　平成31年（2019年）10月1日よりスタートします。つまり、消費税率も同年の10月1日より8％から10％へ変更になりますので、税率の変更と同時に実施されます。
　消費税の軽減税率は、日常的に複数の消費税率が併存する制度であり、諸外国では欧州を中心にすでに採用されていますが、日本では初めて導入される制度となります。

■ 軽減税率の実施時期

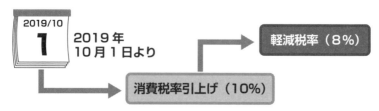

3 適用される品目とそうでない品目を見分ける

飲食料品と定期購読の新聞等が軽減税率の対象となる

■ どんな商品が適用対象なのか

軽減税率は、おもに低所得者層に対する税負担を軽減させる制度であるため、個人が生活していく上で欠かせない生活必需品を中心に対象となる品目を定めています。具体的には、「飲食料品」と「新聞」を軽減税率の対象としています。しかし、飲食料品や新聞にはさまざまなものがあるため、軽減税率の対象となる商品をさらに限定しています。

軽減税率の対象となる飲食料品とは、食品表示法に規定する食品をいいます。ここで、食品表示法に規定する食品とは、すべての飲食物のことをいいますが、医薬品及び医薬部外品等は食品から除かれています。食品には、低価なものから高価なものまでさまざまなものがありますが、原則として商品の値段に関係なく軽減税率の対象になります。また、酒類は軽減税率の対象外となっていますので、結局のところ、酒類、医薬品及び医薬部外品等を除いた飲食料品で、食事の提供（次ページ）にもあたらないものが軽減税率の対象となる商品になります。

次に、軽減税率の対象となる新聞とは、定期購読契約に基づき、一定の題号を用いて、政治、経済、社会、文化等に関する一般社会的事実を掲載する週２回以上発行されるものをいいます。新聞販売店との定期購読契約によって、毎日自宅に届けられる日刊新聞が軽減税率の対象となる代表的な例となります。

■ 問題となる商品をどのように見分けたらよいのか

飲食料品と新聞の中でも、軽減税率の対象となるものとならないものがあります。そこで、どのような商品が８％であり、また10％であ

第５章 ◆ 税率アップに対応！消費税のしくみ　153

るのかについて説明します。

① **飲食料品**

　飲食料品は、一般的な飲食品すべてを指し、8％が適用されますが、あくまで人の飲食用のものが対象であるため、動物用のペットフードは10％になります。水道水（水道料金）は、飲用としての水と、風呂、洗濯などの生活用水と関係なく提供されるものであるため10％となります。また、酒類、医薬品又は医薬部外品等ではなく、かつその飲食料品が食事の提供（外食などのサービス）にもあたらないときに8％となります。

　酒類は、酒税法に規定するアルコール分一度以上の飲料のことをいうため、一般的なビール、日本酒、焼酎、ワインは10％になります。一方、ノンアルコールビールは8％になります。

　医薬品又医薬部外品等について、ドラッグストアなどで販売される薬や医薬部外品の健康ドリンクは10％となります。しかし、同じような健康ドリンクでも清涼飲料水であれば8％となります。これらは、商品のパッケージの品名などで見分けることになります。

　食事の提供にあたるかどうかは、その商品の食事する「場所」や「サービス」によって判断します。

　「場所」とは、レストランのように飲食設備（テーブル、椅子、カウンター等）のある所や商品の購入先で飲食する場合を意味し、これらは外食の扱いとして食事の提供（サービスの提供）となり10％となります。一方、テイクアウト（持ち帰り）、出前・宅配、インターネットや通信販売での飲食料品の購入は8％となります。

　たとえば、ファーストフード店のようなテイクアウトも店内飲食も可能な場所では、テイクアウトであれば8％、店内飲食であれば10％となります。コンビニエンスストアのイートインでの飲食やフードコートでのセルフサービスなどは、その場で飲食をすることになるため10％となります。

154

一方、移動販売車やお店などで購入したお弁当を公園のベンチで食べる場合には８％となります。公園のベンチは、飲食料品を提供する事業者が設置したものでないため外食にはあたりません。

　また、義務教育の小学校や中学校の給食は外食扱いとはならずに８％で、高校や大学などの学食や会社の社員食堂は10％となります。

　「サービス」については、パーティーやイベント等で提供される料理は、それらは飲食料品の購入ではなくサービスの購入になるため10％となります。また、購入する食品を店員が運んでくれる場合もサービスを受けたということになり、ケータリングや出張料理のように、顧客が指定した場所に顧客に飲食をさせる場合もサービスの購入として10％となります。

　その他、飲食料品におまけなどの商品を付けてセットして販売される場合があります。これを一体資産といいますが、税抜価額が１万円以下であって、かつ食品の価額の占める割合が３分の２以上の場合には商品全体が８％となり、そうでなければ全体が10％となります。

② 　新聞

　新聞が８％となるのは、定期購読契約で週２回以上発行されるものであるため、売店などで新聞を直接購入する場合は10％となります。一方、定期購読契約であったとしても週刊紙は10％となります。また、

■ おもな軽減税率対象商品の区分 ……………………………………

	軽減税率対象（消費税８％）	軽減税率対象外（消費税 10％）
飲食料品	・一般的な飲食料品の購入 ・学校給食 ・出前・宅配	・酒類の購入 ・医薬品・医薬部外品の購入 ・飲食料品の外食等
新聞	・定期購読契約に基づく週２回以上発行の一般的な新聞（日刊新聞等）	・売店で直接購入した新聞 ・電子版の新聞

第５章 ◆ 税率アップに対応！消費税のしくみ　　155

インターネットを使用した電子版の日刊新聞については、定期購読契約であったとしても10％となります。これは、商品などの譲渡にはあたらず、電気通信利用役務の提供に該当するサービスの提供になるためです。

テイクアウトや店内飲食の価格表示について

テイクアウトも店内飲食もできるお店では、同じ商品であったとしても、異なる税率が適用されることになります。売手である事業者がどのような価格設定を行うかは事業者の任意ですが、テイクアウト等（8％）及び店内飲食（10％）で異なる税込価格を設定する場合の価格表示方法としては以下の2つの方法が考えられます。

・テイクアウト等及び店内飲食の両方の税込価格を表示する方法
・テイクアウト等又は店内飲食のどちらか片方のみの税込価格を表示する方法

また、8％が適用されるテイクアウト等の税抜価格を、10％が適用される店内飲食より高く設定、又は店内飲食の税抜価格を低く設定することで同一の税込価格を設定し表示することも可能です。

8％か10％かわからないときは

軽減税率は、消費税としては日本で初めて導入される制度であり、また飲食料品や新聞について8％が適用されるのか10％が適用されるのかさまざまな状況があり、いずれを適用する必要があるのかを判断するのが実務上困難な場合があります。そこで、8％か10％がわからないときには、国税庁のウェブサイトに多くのQ&Aが設けられていますので、まずはそれを参考にするとよいでしょう。もし、それでもわからない場合には、税務署や税理士などの専門家に確認する必要があります。

4 インボイス制度について知っておこう

請求書や会計帳簿への記載方法や商品の管理方法などにも影響

■経理上何が変わるのか

　軽減税率導入後は、8％と10％の複数の税率が併存することになります。経理上は、おもに会計帳簿と請求書等の運用に変更が生じます。具体的には、軽減税率が開始される平成31年（2019年）10月1日から平成35年（2023年）9月30日までは「区分記載請求書等制度」が導入され、さらに平成35年10月1日以降より「インボイス制度」が導入されるため、これらに対応して会計帳簿の記載内容も変更されます。区分記載請求書等制度は、その後のインボイス制度導入までの経過措置の制度となります。インボイス制度は後述するため、ここでは先に導入される区分記載請求書等制度を説明します。

　区分記載請求書等制度では、売手は買手からの求めに応じて次のような記載事項を完備した区分記載請求書等を買手に交付する必要があります。

① 　区分記載請求書等発行者の氏名又は名称（売手の氏名等）

② 　取引年月日

③ 　取引の内容（軽減税率の対象資産の譲渡等があればその旨）

④ 　税率ごとに区分して合計した課税資産の譲渡等の対価の額（税込額）

⑤ 　書類の交付を受ける事業者の氏名又は名称（買手の氏名等）

　従来の請求書とは次の点が異なります。③の取引の内容には、軽減税率の対象資産があればそのことを記載することが追加されました。④の対価の額には、税率ごとに区分した税込額を記載することが追加されました。なお、不特定多数の者に対して販売等を行う小売業等については、⑤の買手の氏名等の記載を省略することができます。

第5章 ◆ 税率アップに対応！消費税のしくみ　157

また、会計帳簿では、従来のように単一の税率のみであれば、ある商品を仕入れた場合に「仕入先の氏名又は名称」「取引年月日」「取引の内容」「取引金額」を記載すれば足りました。しかし、軽減税率導入後は、その商品が軽減税率8％の対象であれば取引の内容に「軽減税率の対象品目である旨」の記載が追加されました。つまり、その取引が軽減税率の対象であるのかどうかを区分して記帳しておく必要があるということです。なお、消費税の仕入税額控除を受けるには、軽減税率の対象品目と税率ごとに合計した税込価額が明記された請求書等を入手・保存しておく必要があります。

　このように、軽減税率導入後では、8％と10％が併存することになるために、請求書や会計帳簿において明確に税率の区分を行うことが要求されています。事業者にとってみれば、日々の売上・仕入商品についての軽減税率の対象取引であるのかどうかの確認や、商品管理や販売管理方法の見直し、値札の付け替え、価格表示の変更など、販売業務や購買業務などの広範囲にわたって実務に大きな影響が及ぼすことに留意が必要です。

■ インボイス制度とは

　続いて、インボイス制度が導入された場合には、区分記載請求書等と同様に、税率が8％と10％の取引を明確に区分するために、売手が一定の記載をした適格請求書等（インボイス）を買手に交付する必要があります。平成31年10月1日から平成35年9月30日までの間に区分記載請求書等制度が導入されますが、平成35年10月1日から「インボイス制度」に移行されます。区分記載請求書等は誰でも発行ができますが、適格請求書等は課税事業者しか発行ができません。さらに、適格請求書等を発行するには、事前に税務署へ一定の申請を行って適格請求書発行事業者として登録を受けておく必要があります。この登録は課税事業者でないと行えないルールとなっていますので、免税事業

者は課税事業者に変更しない限り適格請求書の発行ができません。

　登録番号は、法人番号を有する課税事業者の場合には、T＋法人番号であり、個人事業者や人格のない社団などのその他の課税事業者はT＋13桁の番号ということになります。

■ どんなことを書かなければならないのか

　インボイス制度では、売手（課税事業者）は買手からの求めに応じて次のような記載事項を完備した適格請求書等を買手に交付し、また交付した適格請求書の写しを保存する義務が課されます。

① 　適格請求書発行事業者の氏名又は名称及び登録番号（売手の氏名等）

② 　取引年月日

③ 　取引内容（軽減税率の対象品目である場合はその旨）

④ 　税率ごとに合計した対価の額（税抜又は税込）及び適用税率

⑤ 　税率ごとに区分して合計した消費税額等

⑥ 　書類の交付を受ける事業者の氏名又は名称（買手の氏名等）

　経過措置として適用される区分記載請求書等とは次の点が異なります。①の売手の氏名等には、適格請求書発行事業者としての登録番号の記載が追加されました。④の対価の額には、税率ごとの合計の対価の額が税抜又は税込で記載することになり、また適用税率の記載が追加されました。⑤では、消費税額の記載が追加されました。

　インボイス制度で認められる請求書等には次のものがあります。

・適格請求書又は適格簡易請求書（後述の簡易方式）

・仕入明細書等（適格請求書の記載事項が記載されており、相手方の確認を受けたもの）

・卸売市場において委託を受けて卸売の業務として行われる生鮮食品等の譲渡及び農業協同組合等が委託を受けて行う農林水産物の譲渡について、委託者から交付を受ける一定の書類

・上記の書類に係る電磁的記録（電子ファイル等）

第 5 章 ◆ 税率アップに対応！消費税のしくみ　　159

また、会計帳簿への記載事項は、区分記載請求書等の場合と実質的に変わりはありません。つまり、「仕入先の氏名又は名称」「取引年月日」「取引の内容（軽減税率の対象品目があればその旨）」「取引金額」を記載する必要があります。

　なお、消費税の仕入税額控除を受けるには、適格請求書等を入手・保存しておく必要があります。免税事業者と取引を行う場合には、免税事業者は適格請求書が発行できないため、免税事業者が発行した請求書では仕入税額控除ができないことになります。

■ 簡易方式とは

　不特定多数の者に対して販売等を行う小売業、飲食店業、タクシー業等については、記載事項を簡略化した「適格簡易請求書」を交付することができます。これは、適格請求書の記載事項のうち、「書類の交付を受ける事業者の氏名又は名称」の記載が不要となり、また「適用税率」や「消費税額等」はいずれか一方の記載で足ります。

■ どんな特例があるのか

　インボイス制度の下では、売手は、買手からの求めに応じて原則として適格請求書を交付する義務が生じます。ただし、不特定多数の者などに対してその都度適格請求書の交付するのも実務上困難が生じる場合があります。そこで、以下の取引は適格請求書の交付義務が免除されます。

①　船舶、バス又は鉄道による旅客の運送（３万円未満のもの）
②　出荷者が卸売市場において行う生鮮食料品等の譲渡（出荷者から委託を受けた者が卸売の業務として行うもの）
③　生産者が行う農業協同組合、漁業協同組合又は森林組合等に委託して行う農林水産物の譲渡（無条件委託方式かつ共同計算方式により生産者を特定せずに行うもの）

④　自動販売機により行われる課税資産の譲渡等（３万円未満のもの）
⑤　郵便切手を対価とする郵便サービス（郵便ポストに差し出された
もの）

　また、免税事業者からの仕入については、インボイス制度導入後は
原則として仕入税額控除の適用ができなくなります。ただし、区分記
載請求書等と同様の事項が記載された請求書等を保存し、帳簿にこの
経過措置の規定の適用を受けることが記載されている場合には、次の
とおり一定期間においては仕入税額相当額の一定割合を仕入税額とし
て控除できる経過措置が設けられています。

・平成35年（2023年）10月１日から平成38年（2026年）９月30日まで
　の期間は仕入税額相当額の80％
・平成38年（2026年）10月１日から平成41年（2029年）９月30日まで
　の期間は仕入税額相当額の50％

■ 適格請求書の記載例 …………………………………………………

株式会社〇〇御中

請求書

東京都 XX 区 XX1-23-4
〇〇株式会社
(登録番号 TXXXXXXXXXXX)

XXXX 年 10 月分

月日	品名	金額
10 / 1	米　　　※	10,800 円
10 / 8	牛肉　　※	8,640 円
10 /20	ビール	6,600 円
合計		26,040 円

（ 8% 対象　18,000 円　消費税 1,440 円）
（10% 対象　 6,000 円　消費税　600 円）
※軽減税率対象

第５章 ◆ 税率アップに対応！消費税のしくみ　161

5 総額表示義務について知っておこう

消費税引上げに伴う総額表示義務に関する注意点

■ 総額表示義務とは

総額表示義務は、消費税課税事業者に対して義務付けられたものです。もし、「税抜表示」と「税込表示」が混在してしまう状況になってしまうと、レジ等において総支払額がどの程度になるのか、わかりにくかったという背景から定められました。そこで、以下のような価格表示に対して、税込価格を表示すること（総額表示）を義務付け、消費税額を含んだ総支払額が一目でわかるようになりました。

・値札、陳列棚、店内の価格表示
・商品パッケージに対して印字や貼付する価格表示
・新聞、DM、雑誌、カタログなどの価格表示
・テレビ、ホームページなどの価格表示
・その他、消費者に対して行う小売段階の価格表示

■ 総額表示義務がなぜ問題になるのか

税込価格を表示し、総額表示されていれば総支払額は一目でわかりますが、平成26年（2014年）4月（消費税率8％）に続いて平成31年（2019年）10月（消費税率10％）の消費税引上げによって、次のような懸念が生じます。

総額表示を一貫して行うと、消費税課税事業者は、必然的に短期間で二度、三度と価格表示を変更しなければなりません。これは、消費税の課税事業者にとって、コストや手間などの負担が増大することになります。また、総額表示のまま消費税率が8％や10％と引き上げられれば、消費者に商品価格が値上がりしたという誤った印象を与える

ことになりますし、逆に消費税率引上げに便乗した値上げが行われる
恐れが生じます。

■ 税抜価格表示の特例とは

消費税率の引上げによる税込表示の問題点を解消するため、平成
25年（2013年）10月1日から平成33年（2021年）3月31日までの間、
「消費税転嫁対策特別措置法」によって、税込価格の表示（総額表示）
をしなくてもよいとされる特例が定められています。これは、以下の
両方に該当する場合、期間内に限って特例が認められます。
・消費税の円滑で適正な転嫁のため必要があるとき
・表示する価格が税込価格であると誤認されないための措置を講じて
　いるとき

なお、表示する価格が税込価格であると誤認されないためには、消
費者が商品を選択するときに、わかりやすく認識できる必要があります。

したがって、「当店の商品は税抜表示となっています」などの誤認
を防止できるような説明を記載する必要がありますが、これがレジ周
辺のみに表示されている場合や、カタログやホームページの申込用
紙（申込画面）のみに記載されているような場合は、認められません。
同様の説明等が、商品に表示されていたとしても、字が著しく小さい
など、消費者にとって見えづらい場合も、誤認防止措置を講じている
とはいえません。

消費者の立場からすれば、税込価格が表示されていなかったり、店
によって価格の表示方法が異なっていたりといった状況は、非常に不
便で煩わしいことだといえます。したがって、消費者への配慮から、
この特例にはできるだけ速やかに税込表示へ移行しなければならない
という、「努力義務規定」も盛り込まれています。

第5章 ◆ 税率アップに対応！消費税のしくみ　**163**

■ 個々の値札で税抜価格であることを表示する場合の注意点

　個々の値札で税抜価格を表示することは認められていますので、商品ごとに値札を貼り替える事業者も多いでしょう。その場合、消費者が商品を選択する際に、税抜価格であることが容易に判断できるよう工夫する必要があります。

　具体的には、個々の商品ごとに貼り付ける値札に、「○○円（税抜き価格）」「○○円（本体価格）」「○○円＋税」といった表示を行うことが考えられます。また、スーパーの陳列棚のように、複数並んでいる同じ商品の価格を、まとめて棚札等で表示する場合も、その棚札等に同様の記載を行うことになります。

■ 一括して税抜表示をする場合の注意点

　個々の値札で税抜価格であることを明示することが困難である場合には、店内の掲示などによって、すべての商品について一括して税抜価格であることを表示する方法も認められます。

　この場合も、消費者が誤認しないような措置をする必要があります。つまり、掲示等によって、個々の商品に記載された金額が税抜価格であることが、容易に認識できるかが重要です。

　すべての商品が税抜価格で表示されている場合は、「当店の価格表示はすべて税抜表示となっています」「当店の価格表示はすべて税抜価格ですので、レジにて別途消費税が加算されます」といった内容になります。このような注意書きを、店内の消費者が商品等を選択する際に目に付きやすい場所に掲示しなければなりません。

　広告やカタログ、WEBに掲載された商品を、一括して税抜表示とする場合は、個々の商品価格の箇所に税抜金額のみを表示し、あわせて消費者が商品等を選択する際に目につきやすい箇所に「本カタログの価格表示はすべて税抜表示となっています」「このサイトの商品はすべて税抜表示となっています」といった表示を行う必要があります。

164

なお、申込用紙や、申込フォームのみにこういった表示を行うことは許されません。必ず商品選択時に明瞭に認識できる箇所に表示しなければならないことに注意が必要です。

■一部の商品について税抜価格を表示するとき

新税率による税込価格を表示している店内で、広告掲載の商品など、一部の商品について税抜価格で表示したい場合もあるでしょう。

その場合は、値札等に税抜価格であることを表示した上で、「当店では、税込表示の商品と税抜表示の商品があります。税抜価格の商品につきましては、値札に『税抜』と表示しています」といった掲示を行う方法、あるいは、税込の商品と陳列棚等で明確に区分し、「この棚に陳列してある商品はすべて税抜表示となっています」「この棚に陳列してある商品はすべて税込表示となっています」といった掲示を行うこともできます。

■ メニューなどの表示についての注意点

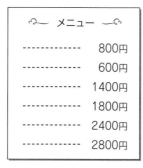

値下げした商品について、消費税との関連で値下げを行ったことを明示することは禁止！

「税抜価格表示にして、レジにて消費税を精算することを明瞭に表示する」など、対策を検討する必要あり

(表示方法の具体例)
・値札に「税込」又は「税抜」・「本体価格」などの表示
・消費者の目に付く場所に以下のような表示
　「当店はすべて税抜表示を行っております」
　「消費税分は別途レジにて請求させていただきます」など

6 旧税率８％が適用される経過措置について知っておこう

2019年10月以降の引渡しでも旧税率が適用されるケースがある

■ 税率引上げに伴う混乱回避のための措置

　平成31年（2019年）10月１日（適用開始日といいます）からは新税率である10％が適用されます。しかし、適用開始日から急に取扱いが変わったのでは、物・サービスを提供する事業主側だけでなく消費者側にも混乱が生じる場合があります。

　そのため、以下に記載する一定の取引については経過措置が設けられており、税率８％の適用が認められています。なお、前述した軽減税率８％とは制度が異なるため、次ページ以降では経過措置が適用される場合には、便宜的に「旧税率８％」と表記しています。

・**旅客運賃等**

　　例：電車、バスなどの料金、映画館の入場料金

・**公共料金等**

　　例：電気料金、電話の通話料、インターネット通信料金

・**工事の請負等**

　　例：建物の建設、機械の設置、ソフトウェアの開発など

・**資産の貸付等**

　　例：建物の貸付、リースなど

・**指定役務の提供**

　　例：冠婚葬祭の礼服、式場の提供

・**予約販売にかかる書籍等**

　　例：書籍の予約販売

・**通信販売等**

　　例：新聞、テレビ、チラシ、インターネット等の通信販売

・その他

例：長期割賦販売、特定新聞等、有料老人ホーム、リース

■ 指定日が基準になるものと施行日が基準になるものがある

経過措置には、平成31年4月1日（指定日といいます）を基準とするものと、適用開始日を基準とするものがあります。

たとえば、前述した旅客運賃等（映画の前売りチケットやJRなどの定期券、回数券、前売り乗車券、プロ野球の年間予約席など）については施行日を基準としており、適用開始日（平成31年10月1日）前に代金を支払っている分については、旧税率8％が適用されます。この事情を踏まえて「2019年9月までに、10月以降の定期券を購入する」という人もいるでしょう。

このように、実際の利用や受取り、引渡しが平成31年10月以降でも、指定日や適用開始日についての経過措置との関係で旧税率8％が適用されている取引もあります。以下、おもなものについて見ていきましょう。

■ 経過措置と指定日・適用開始日 ……………………………………

平成30年
4月1日

平成31年
10月1日

指定日

適用開始日

● 指定日を基準とする経過措置
　→請負工事等、資産の貸付、指定役務の提供、
　　予約販売、通信販売、有料老人ホームへの入居契約
● 施行日を基準とする経過措置
　→旅客運賃等、公共料金等、特定新聞

第5章 ◆ 税率アップに対応！消費税のしくみ　167

2019年10月以降に引渡しを行う請負や製造契約

　建築工事などの請負契約や製品の製造契約については、平成25年（2013年）10月１日から指定日の前日（平成31年３月31日）までの間に締結した契約であれば、平成31年10月以降に引渡しなどが行われる場合であっても、旧税率８％で算定した消費税額を支払います。

　つまり、平成31年４月以降に契約した請負工事などで引渡日が平成31年10月以降のものであれば、旧税率８％ではなく新税率の10％が適用されます。ただし、指定日以降に契約して平成31年10月以降に引渡しを受ける工事でも、長期大規模工事などの場合で旧税率８％の適用が認められるケースはあります。

2019年10月以降に貸付を行う賃貸借やリース契約

　資産の賃貸借・リース契約については、ⓐ平成25年（2013年）10月１日から指定日の前日（平成31年３月31日）までに契約が締結されていること、ⓑ適用開始日前から引き続き貸付が行われていること、ⓐとⓑに加えて、下記の３つの要件のうち、①と②、又は①と③に該当する場合の消費税額については旧税率８％で算定されています。

　ただし、所得税法・法人税法上、売買として取り扱われるリース取引については、この経過措置は適用されていません。

① 当該契約で貸付期間及び貸付金額が定められていること
② 貸付側の事情等により貸付金額の変更ができないこと
③ 契約期間中に中途解約できず、期間中に貸付側が貸付資産の取得にかかった額（付随費用含む）の90％以上を賃借側が支払うこと

2019年10月以降に行われる指定役務の提供

　指定役務とは、割賦販売法に定める前払式特定取引のうち指定役務の提供を指し、具体的には冠婚葬祭のための施設の提供などのことです。

　これらの契約を指定日の前日までに締結し、適用開始日後に役務の

提供がされる場合で、役務の提供前に代金の一部又は全部を支払うことになっているとき、以下の①と②に該当する場合は旧税率8％が適用されます。

ただし、指定日以後に契約代金の額が変更になった場合、経過措置は適用されませんので注意が必要です。

① 契約に係る役務提供の代金が決まっていること
② 事業者側の事情等により役務提供の代金の変更ができないこと

■2019年10月以降に受け取る予約販売や通信販売

月刊や週刊、年刊など、書籍の定期購読契約等で、指定日前に締結したものについては、適用開始日前に書籍の代金の一部又は全部を支払っている場合、書籍の引渡しが適用開始日以後であっても、あらかじめ支払った部分の書籍代金については旧税率8％が適用されます。

また、平成31年4月1日前に新聞、テレビ、チラシ、インターネットなどで価格等が提示され、購入者が不特定多数の通信販売で申込が適用開始日前に行われたものについては、商品の引渡しが適用開始日後であってもその商品については旧税率8％が適用になります。

■2019年10月以降に行われる有料老人ホームのサービス

指定日の前日までに締結した老人福祉法第29条第1項規定の終身入居契約（一時金を支払うことで老人ホームに終身入居する権利が得られるもの）について、平成31年10月以降にサービス提供が行われる場合の経過措置です。以下の2つの要件を満たしている場合、平成31年10月以降に行われる一時金に対応する役務提供については旧税率8％が適用されます。

① 入居期間中の介護料金を一時金として支払っていること（消費税が課されるもののみ）
② 一時金の額を事業者の事情等により変更できないこと

第5章 ◆ 税率アップに対応！消費税のしくみ　169

納税事業者や課税期間について知っておこう

まずは課税事業者か免税事業者かを判定するところからはじまる

■ 納税義務者はどうなっているのか

　税金を納める義務のある者のことを「納税義務者」といいます。消費税の納税義務者は、「事業者」と「外国から貨物を輸入した者」（輸入取引については185ページ）です。

　「事業者」とは、個人で商売を営む経営者や会社など、事業を行う者のことをいいます。

　ただし、すべての「事業者」が納税義務者になるわけではありません。小規模の会社や個人経営者にとっては、本業の経営を行う傍らで税金を計算するという作業は非常に負担がかかります。このような小規模事業者への配慮から、前々年度の課税売上が1000万円以下であるなど一定要件を満たす事業者については、消費税を納付する義務がありません。

　ちなみに、消費税を納める義務がある事業者のことを課税事業者、消費税を納める義務がない事業者のことを免税事業者といいます。

■ 課税期間とは

　課税期間とは、消費税を申告するための計算単位となる期間のことをいいます。個人の場合は１月から12月までの暦年、法人の場合は年度の期首（決算期間の初日）から年度末（決算期間の最終日）までの一事業年度が課税期間です。「課税事業者」は、この課税期間中に行った取引について、納めるべき消費税を計算して納付します。

　また、一定の手続きを行うことにより、特例として課税期間を３か月間又は１か月間ごとに短く区切ることができます。これを課税期間

の短縮といいます。たとえば多額の設備投資を行った場合など、税金が還付される場合には、この制度の適用を受けると早く還付を受けることができます。ただし、いったん課税期間短縮の手続きを行うと、2年間継続して適用されることになります。申告のために費やす事務負担が増えることになるので、課税期間を短縮するメリットがあるのか、慎重に検討する必要があります。

■ 納税義務が免除されるのはどんな場合か

国内で事業を行う事業者の中にも、納税義務が免除される場合があります。納税義務が免除されるかどうかは、前々年度の課税売上で判定するということを前述しました。このように、判定の基準となる期間のことを**基準期間**といいます。なぜ前々年度なのかというと、直前の課税期間の場合、決算を終えるまでは数値が確定しないからです。当課税期間が課税なのか免税なのかすぐに判断できず不都合が生じるため、当課税期間の初めには数値を確定して、前々年度を基準にしているわけです。厳密にいえば、個人と法人とで基準期間は異なり、単純に2年前ではありません。以下、基準期間について、もう少し詳しく見ていきましょう。

■ 納税事業者と課税期間

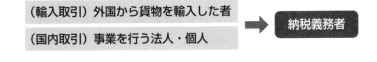

事業年度が 4/1～3/31の法人の場合	課税期間を 3か月に短縮する届出を行った場合			
4/1 ～ 3/31	4/1 ～ 6/30	7/1 ～ 9/30	10/1 ～ 12/31	1/1 ～ 3/31
課税期間	課税期間	課税期間	課税期間	課税期間

第5章 ◆ 税率アップに対応！消費税のしくみ

個人事業者の場合、課税期間は１月から12月までの暦年で区切られます。したがって前々年度がそのまま基準期間となります。たとえ基準期間の途中で開業した場合でも、後述の法人のように換算計算などは行いません。

　一方、法人の基準期間は、１年決算法人（会計上の事業年度の期間を１年としている法人のことをいう）の場合、その事業年度の前々事業年度です。

　基準期間が１年未満である場合は、その事業年度開始日の２年前から１年間に開始した各事業年度をあわせた期間が基準期間となります。基準期間が１年でない法人の基準期間における課税売上高については、たとえば６か月法人であれば２倍、というように１年分に換算し直して計算します。

　基準期間は免税事業者の判定の他に、消費税額の計算方法のひとつである簡易課税制度適用の可否を判定する場合にも利用します。

　納税義務の免除に関する説明に戻ります。免税事業者になる場合とは、基準期間中の課税売上高が1000万円以下である場合です。課税売上高とは、消費税の対象となる収入の合計金額をいいます。

　なお、基準期間が前々事業年度であるということは、設立したばかりの法人については、基準期間がないということになります。そこで、設立１年目又は２年目で基準期間がない法人は、基準期間における課税売上高もないため、免税事業者となります。ただし、後述するように、例外として課税事業者に該当する場合もありますので、注意が必要です。個人の場合、暦年で計算するため、開業以前でも基準期間は存在しますが、開業して２年間は、基準期間の課税売上高はゼロで免税という取扱いになります。

　免税事業者となった課税期間において、多額の設備投資を行うなど消費税の還付を受ける場合は、届出を提出することにより課税事業者の選択をすることができます。ただし、いったん課税事業者の選択を

172

行うと、２年間は継続して適用されます。課税事業者の選択をする場合には、翌課税期間以降のことも考慮して、慎重に検討する必要があります。

基準期間における課税売上高が1000万円以下であるにもかかわらず、例外として課税事業者となるケースが３つあります。まず、「特定期間における課税売上高」が1000万円を超える場合です。次に、基準期間開始の日において「資本又は出資の額が1000万円以上の法人」の場合です。最後に、「特定の新規設立法人」に該当する場合です。これらの特例については、後述します。

なお、事業を相続した個人や分割、合併のあった法人については、基準期間の課税売上高に相続前、分割、合併前の売上高が加味されます。通常の開業初年度の取扱いとは異なりますので、注意が必要です。

■特定期間の課税売上高によって課税事業者となるケース

基準期間の課税売上高が1000万円以下でも、前事業年度開始の日から６か月間の課税売上高が1000万円を超える場合には納税義務は免除されません。つまり課税事業者として取り扱われます。

前事業年度開始の日以後６か月間の期間のことを「特定期間」といいます。前事業年度が７か月以下である場合は、前々事業年度開始の日以後６か月間が適用されます。

なお、判定の基準については、課税売上高に代えて、支払った給与等の金額の合計額で判定することもできますので、いずれか有利な方法を選択します。

■資本金1000万円以上の新設法人は課税事業者となる

資本金が1000万円以上ある新設法人の場合は、納税義務が生じます。新設法人は基準期間がないので、通常であれば免税事業者です。しかし、ある程度の規模の法人については、納税する資金力があるものと

第５章 ◆ 税率アップに対応！消費税のしくみ　　173

みなされ、特別に課税事業者にされてしまうというわけです。判定の
タイミングは、「事業年度開始の日」の状態です。たとえば法人設立
時の資本金は1000万円であったが、期中に減資を行い、２年目の期首
には資本金が900万円になっていたとします。この場合、１年目は課
税事業者ですが、２年目は免税事業者という取扱いになります。

　なお、資本金1000万円未満であっても課税事業者となってしまう
ケースもあります。以下で説明していきます。

■ 資本金1000万円未満の法人が課税事業者になるケース

　資本金1000万円未満の法人は、通常であれば免税事業者ですが、特
別に課税事業者となるケースがあります。

　資本金1000万円未満であっても、一定の要件を満たすと課税事業者
になるケースがあるので、注意が必要です。

　これに該当するのは、以下の２つの要件にあてはまる法人です。

① 　株主から直接又は間接に50％超の株式等の出資を受けているなど、
　　実質的にその株主に支配されている状態であること
② 　①の株主又はその株主と一定の特殊な関係にある法人のうち、い
　　ずれかの基準期間に相当する期間における課税売上高が５億円超で
　　あること

　要するに、売上が５億円を超えているような大規模な会社から出資
を受けた法人は、納税する余力があるとみなされるというわけです。

■ 納付税額の計算方法について

　消費税の課税事業者となった場合、課税期間を一単位として納付税
額を計算しなければなりません。納付税額の計算方法には、大きく分
けて「原則課税」と「簡易課税」という２つの方法があります。詳細
については195ページ以降で説明しますので、ここではざっくりと概
要だけ見ていきましょう。

消費税の基本的な考え方は、消費者から徴収した税額から事業者自身が負担した税額を控除するというものです。この考え方に即した計算方法が**原則課税**です。原則課税では、一課税期間中の売上に含まれる消費税額から、仕入に含まれる消費税額を控除した残額が納付税額となります。課税取引に分類される売上と仕入をそれぞれ集計し、それぞれに含まれる消費税額を計算するというイメージです。なお、この場合の売上、仕入とは、帳簿上に記載された勘定科目名に関係なく、消費税の計算の対象となるような収入、支出をいいます。つまり営業外の収入や、資産の購入なども該当するということです。

　次に**簡易課税**ですが、これは文字どおり簡易に省略した計算方法です。基準期間における課税売上高が5000万円以下である事業者に対し、

■ **免税事業者となる場合**

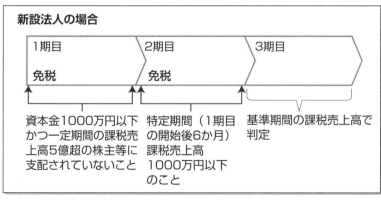

第5章 ◆ 税率アップに対応！消費税のしくみ　175

選択により適用される方法です。

　一般的に、仕入に係る消費税額を計算するのは、非常に煩雑です。なぜなら、仕入や経費など一つひとつの取引を、課税、非課税などと分類することは、非常に地道で手間がかかる作業が必要となるからです。そこで、卸売業、小売業、製造業、サービス業など業種別に大まかな「みなし仕入率」をあらかじめ定めておきます。みなし仕入率とは、売上のうちに仕入が占める割合をいいます。売上にこの「みなし仕入率」を掛けた仕入控除税額を、売上に含まれる消費税額から控除することで納付税額を計算するという方法が簡易課税となります。実際の課税仕入の金額を計算する必要がないため、計算が簡単に済みます。中小企業や個人経営者のような小規模事業者の事務負担を減らす配慮からできた制度といえます。

■ 原則課税と簡易課税の計算方法

●原則課税方式

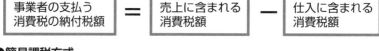

●簡易課税方式

※簡易課税方式は基準期間における課税売上高が5000万円以下の事業者が対象
　業種ごとの「みなし仕入率」の割合は以下の通り
　第1種事業(卸売業)：90%　第2種事業(小売業)：80%　第3種事業(製造業等)：70%
　第4種事業(その他の事業)：60%　第5種事業(サービス業等)：50%
　第6種事業(不動産業)：40%

※平成31年10月1日を含む課税期間(同日前の取引は除く。)から、第3種事業である農業、林業、漁業のうち消費税の軽減税率が適用される飲食品の譲渡を行う事業を第2種事業とし、そのみなし仕入率は80%(現行70%)が適用される。

8 消費税が課される取引と課されない取引がある

課税の対象となるための要件をおさえる

■ 消費税が課される取引と課されない取引がある

消費税は、すべての消費行為に広く公平に課される税金です。しかしながら、事業者の見解により徴収の仕方が異なるようでは、公平な課税は成立しません。税金の徴収を事業者にゆだねているというこの制度の弱点を補うためには、消費行為とはどのような取引であるのか、定義を明確にしておく必要があります。

消費税法では、国内取引と輸入取引とに分けて考えます。まず国内取引から見ていきます。消費税の課税対象となる消費行為とは、①「国内において」、②「事業者が事業として」、③「対価を得て（代金を受け取ること）行う」、④「資産の譲渡等」及び「特定仕入れ」と定められています。

逆に、上記①〜④のうちいずれか１つでも当てはまらないような取引は、消費行為として消費税が課されるべき取引ではないということです。また、これらに該当する取引の中でも、後述するように特別に課税されない「非課税取引」というものもあります。

次に輸入取引ですが、税関から国内に持ち込まれる外国貨物については、消費税が課されるというしくみです。反対に国外へ輸出する貨物等については、消費税が免除されます。これは、日本国内で消費されたものにのみ課税し、国際間の二重課税を防ぐためのものです。輸出入取引については、183ページで後述します。

以下は国内取引に関する内容です。課税取引とはどのようなものをいうのか、もう少し詳しく見ていきましょう。

第５章 ◆ 税率アップに対応！消費税のしくみ　177

■ 課税取引とは

課税取引とは、上記①〜④に定められる取引であり、さらに掘り下げると次のとおりになります。

① 「国内において」とは

以下のⓐⓑにより、その取引が国内取引かどうかを判定します。

ⓐ 資産の譲渡又は貸付

その譲渡又は貸付が行われているときにその資産の所在場所が国内であるかどうか。

ⓑ 役務の提供

その役務の提供が行われた場所が国内であるかどうか。ただし、電気通信利用役務の提供（インターネットなど）については、その役務の提供を受ける者の住所地等が国内であるかどうか。

② 「事業者が事業として」とは

事業者とは、事業を行う法人や個人をいいます。個人の場合、店舗や事務所を経営する人の他、医師や弁護士、税理士なども事業者に該当します。法人は株式会社などのことです。国や都道府県、市町村、宗教法人や医療法人、代表者の定めのある人格のない社団等も法人に該当します。「事業」とは、対価を得て行われる取引を自ら繰り返し行うことをいいます。法人が行う取引はすべて「事業として」行ったものとなります。一方、個人事業者の場合は、仕事以外の普段の生活における消費行為については、「事業として」行ったものではないため、除いて考える必要があります。なお、会社員がたまたま受け取った出演料や原稿料のような報酬は、繰り返し行ったとはいえないため、事業とはいえません。

③ 「対価を得て」とは

資産の譲渡、貸付、役務の提供を行った見返りとして代金を受け取ることをいいます。

対価を得ず、無償で資産を譲渡した場合も、その譲渡した相手と利

害関係があれば、対価を得ているとみなされる場合があります。たとえば法人がその役員に自社製品を贈与した場合、実際は対価を得ていなくても、対価を得て製品を販売したことになり、課税取引として申告しなければなりません。これをみなし譲渡といいます。また、定価よりも著しく低い値段で譲渡した場合、相手が法人の役員や個人事業主であれば、実際の低い値段ではなく、定価で販売したものとして申告しなければなりません。このような取引を低額譲渡といいます。

④ 「資産の譲渡等」及び「特定仕入れ」とは

資産の譲渡等とは、資産の譲渡、貸付、役務の提供をいいます。つまり、物品や不動産などを渡す行為、貸し付ける行為、サービスを提供する行為（たとえば請負、宿泊、出演、広告、運送などの他、弁護士、公認会計士、税理士、作家、スポーツ選手、映画俳優、棋士等によるその専門的な知識や技能に基づく行為も含まれる）です。

特定仕入れとは、国外事業者が行う「事業者向け電気通信利用役務の提供（インターネットを通じて提供されるサービス等）」及び「特定役務の提供（映画・演劇の俳優、音楽家その他の芸能人又は職業運動家等の役務の提供）」をいいます。特定仕入れの場合は、リバースチャージ方式といって、役務の提供を受けた国内事業者（課税売上割合が95％未満でかつ後述する簡易課税制度を適用しない場合）に対して消費税の納税義務が課されます。

■ 非課税取引とは

消費税の課税対象となる取引のうち、その性格上課税することが適当でない、もしくは医療や福祉、教育など社会政策的な観点から課税すべきではない、という大きく分けて2つの理由により、消費税が課されない取引があります。本来は課税取引に分類されるべきですが、特別に限定列挙して課税しないという取引です。これらの取引を非課税取引といいます。次ページの図の取引については「非課税取引」と

第5章 ◆ 税率アップに対応！消費税のしくみ　179

なります。

不課税取引とは

　消費税の課税対象は、①「国内において」、②「事業者が事業として」、③「対価を得て行う」、④「資産の譲渡等」及び「特定仕入れ」です。これらの要件に1つでもあてはまらない取引は、課税の対象から外れます。このような取引を不課税取引といいます。

　たとえば、国外で行った取引、賃金給与の支払い、試供品の配布、寄付などはこの不課税取引に該当します。

　なお、前述した非課税取引とは、課税取引の要件を満たしているにもかかわらずあえて非課税として取り扱われる取引です。これに対して不課税取引とは、そもそも課税取引としての要件を満たしていないものをいいます。混同しないように注意しましょう。

■ 非課税取引

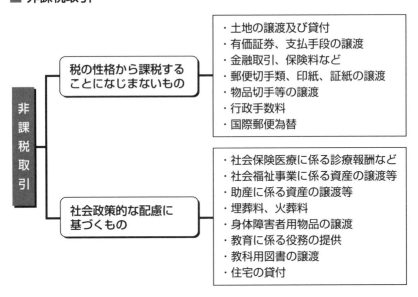

Q 「取引が成立したとき」といっても、出荷日や検収日、引渡日など、いろいろな段階があると思います。消費税取引の基準となるのはいつからでしょうか。

A 消費税は、事業者から消費者へ取引が成立したときに課税されます。しかし「取引が成立したとき」と言っても、単純にモノとお金を交換する場合は明確ですが、たとえば物品の販売の場合、出荷時、相手方の受取日、検収時など、さまざまなケースが存在し、認識にズレが生じます。

　消費税法では、「課税資産の譲渡等をした時」又は「外国貨物を保税地域から引き取る時」に納税義務が成立します。前者は国内取引の場合、後者は輸入取引の場合です。「課税資産の譲渡等をした時」とは、原則として「資産等を引き渡した日」です。「引き渡した日」といっても、前述したように出荷日、検収日など、考え方が複数存在します。この場合、合理的であると認められる日であればよいので、所得税や法人税における収益の計上時期の考え方に即して取り扱います。物品販売にたとえれば、出荷日を基準に売上計上している会社は、消費税法上も出荷日で納税義務が成立するということです。実際には出荷日基準又は検収日基準が一般的のようです。ただし、一度計上方法を選択した後は、継続して同じ方法を採用する必要があります。

●**特例がある**

　取引形態にはさまざまなケースがあります。中には、完成して引き渡すまでに時間を要する商品等や、反対に引き渡してからお金の回収が完了するまでに時間を要するものもあります。このような、やや特殊な取引に係る消費税を「引渡日」で認識してしまうと、収入と納税の時期が乖離してしまい、事業者側に資金面の負担がかかってしまうことになります。そこで、一定の取引に関しては、資産の譲渡等の時期を収入の時期に合わせて認識するという特例が設けられています。

第5章 ◆ 税率アップに対応！消費税のしくみ　181

以下①～③の取引については、資産の譲渡等の時期の特例として、以下の内容で消費税を認識することができます。

① **工事の請負に係る資産の譲渡等の時期の特例**

長期大規模工事の請負契約で、工事進行基準の方法を採用している場合、売上を計上する年度に資産の譲渡等を行ったものとすることができます。工事進行基準とは、未完成の工事について、完成した割合に応じて部分的に収益計上する方法をいいます。

② **長期割賦販売等に係る資産の譲渡等の時期の特例**

延払基準を採用して長期割賦販売等を行った場合において、賦払金の支払期日が到来していない部分の金額は、資産の譲渡等を行わなかったものとみなして、対価の額から控除することができます。つまり、分割でお金が入った都度、消費税を認識するということです。

③ **小規模事業者に係る資産の譲渡等の時期の特例**

所得税において、現金主義の適用を受ける小規模個人事業者は、資産の譲渡等及び課税仕入時期を、対価を収受した日及び支払った日とすることができます。

■ **取引形態と成立時期** ……………………………………………

	取引の形態		成立時期
資産の譲渡	棚卸資産・固定資産の譲渡		引渡日
	無形固定資産の譲渡		譲渡等に関する契約の効力発生日
資産の貸付	使用料等の支払日が定められている		支払いを受けるべき日
	使用料等の支払日が定められていない		支払いを受けた日（請求日）
役務提供	請負	目的物の引渡し有り	目的物の全てを完成し引き渡した日
		目的物の引渡し無し	役務の提供を完了した日
	人的役務の提供		役務の提供を完了した日

9 輸出や輸入取引の場合の取扱いについて知っておこう

国際取引の取扱いを理解する

■ 輸出や輸入取引した場合にはどうなるのか

ここでは輸出や輸入取引をした場合の消費税の取扱いについて見ていきましょう。

① 輸出取引をした場合

国内から物品を輸出したときのように、消費者が外国に存在する場合でも、「課税取引」としての要件を満たすのであれば、原則として「課税取引」です。しかし、消費税は日本国内における消費者が負担するものであって、外国の消費者には課すべきではありません。

そこで、外国の消費者への取引を課税対象から除外するため、「課税取引」のうち輸出取引等に該当するものについては、免税取引として消費税が課されないことになっています。これらの取引は一般的に「0％課税」といわれます。税率0％の消費税を課税する取引という意味です。

免税となる輸出取引等に該当するための要件は、以下の4つです。

ⓐ 国内からの輸出として行われるもの

ⓑ 国内と国外との間の通信や、郵便、信書便

ⓒ 非居住者に対する鉱業権、工業所有権（産業財産権）、著作権、営業権等の無形財産権の譲渡又は貸付

ⓓ 非居住者に対する役務の提供で、国内で直接享受しないもの

非居住者とは、簡単にいうと外国人のことです。なお、消費税は直接輸出を行う段階で免除されるため、輸出物品の下請加工や、輸出業者に商品を国内で引き渡した場合などについては、免税の対象にはな

第5章 ◆ 税率アップに対応！消費税のしくみ　183

りません。つまり輸出業者の立場から見れば、輸出にかかった費用について消費税が課税されるということになります。この輸出業者が負担した消費税分については、申告により還付されることになります。

輸出取引の範囲について、もう少し詳しく取り上げてみると、以下のような取引となります。

ⓐ 日本からの輸出として行われる資産の譲渡又は貸付
ⓑ 外国貨物の譲渡又は貸付
ⓒ 国際旅客、国際運輸、国際通信、国際郵便及び国際間の信書
ⓓ 船舶運航事業者等に対して行われる外航船舶等の譲渡もしくは貸付等
ⓔ もっぱら国際運輸に使用されるコンテナーの譲渡もしくは貸付等
ⓕ 外航船舶等の水先、誘導等の役務の提供
ⓖ 外国貨物の荷役、運送、保管等の役務の提供
ⓗ 非居住者（外国人）に対する鉱業権、産業財産権（工業所有権）、著作権などの譲渡又は貸付
ⓘ ⓐ〜ⓗの他、非居住者に対する役務の提供で次に掲げるもの以外のもの
ⓙ 国内に所在する資産に係る運送又は保管

■ **輸出と消費税**

輸出取引には消費税はかからない 国際間における二重課税を排除するため

ポイント

免税取引は、税率0％の消費税の課税取引。0％のため、実質的に消費税はかからないが、課税売上高を計算するときは、課税売上高に含めて計算する

ロ　国内における飲食又は宿泊

ハ　イ及びロに掲げるものと同様の取引で、国内において直接利益を
　受けるもの

　なお、上記の他、免税店のような輸出物品販売場を経営する事業者
が、外国人旅行者などの非居住者に対して、通常の生活用品等を一定
の方法で販売する場合にも消費税が免除されます。

② **輸入取引をした場合**

　輸入取引をした場合、外国から輸送された外国貨物の輸入許可が下
りるまで保管される場所のことを「保税地域」といいます。外国から
輸入された外国貨物は、保税地域から通関業務を経て国内へ引き取ら
れます。

　保税地域から外国貨物を引き取った者については、事業者であるか
どうかは関係なく、納税義務者となります。たとえば一般の人が、自
分用に個人輸入を行った場合であっても、消費税を納める義務が生じ
るということです。

　また、「保税地域から引き取られる外国貨物」は、国内で消費され
るものとして消費税が課されます。ただし、以下の@〜fについては、
その性格上課税することが適当でない、又は福祉や教育など社会政策
的な観点により課税すべきではないという理由から、非課税の輸入取
引となります。

@　有価証券等

ⓑ　郵便切手類

ⓒ　印紙

ⓓ　証紙

ⓔ　身体障害者用物品

ⓕ　教科用図書

第5章 ◆ 税率アップに対応！消費税のしくみ　185

10 消費税額はどのように算定するのか

非課税売上のための仕入に係る税額は除外するのが原則

原則課税方式とはどのような計算方法か

　事業者が納付する消費税額は、課税期間中に消費者から徴収した消費税から、事業者自身が負担した消費税額を差し引いて計算します。これは、147 〜 148ページでも解説したように、各取引段階における「税の累積を排除する」という考え方に基づいた計算方法です。消費税を計算するためには、「徴収した消費税額」と「負担した消費税額」の２つの要素が必要ということです。これは、原則課税方式、簡易課税方式などの計算方法にかかわらず、共通した考え方だといえます。徴収した消費税額を計算するために、まずは税率を掛ける基礎となる金額を算出します。簡単にいえば税抜の課税売上高のことですが、これを課税標準額といいます。

　一方、負担した消費税額を計算するためには、課税仕入に含まれる消費税額を計算します。この消費税額を課税仕入等に係る税額といいます。

　消費税額の計算方法とは、課税標準額に税率を掛けたものから、課税仕入等に係る税額を控除するというものです。

　ここからは、原則課税方式について見ていきましょう。簡易課税方式については、195ページ以降で説明していきます。

課税標準額を求める

　税額計算の基礎となる金額を「課税標準額」といいます。課税標準額は、課税売上の税抜にした金額となります。つまり、課税期間中の収入のうち課税取引に該当するものを集計し、最後に税抜に換算した

ものが課税標準額ということです。

　課税標準額に、7.8％（軽減税率適用の場合は6.24％）の税率を掛けて、消費税額が算出されます。この金額を、「課税標準額に対する消費税額」といいます。

　課税標準額を計算するときに注意しなければならないのは、課税売上に該当するのかどうかの判定です。本業による売上以外にも課税収入があるならば、もれなく課税標準に含めなければなりません。

　課税売上に該当する収入の例をあげてみましょう。たとえば会社の保有資産を売却した場合、その資産が課税資産であれば、譲渡対価が課税標準額に含まれます。個人事業者が自分で使用した棚卸資産や、会社の役員が会社からもらった資産は、実は「みなし譲渡」といって、一定金額が課税標準に含まれます。土地付建物を売却した場合など、非課税資産と課税資産を一括で譲渡した場合は、合理的な計算で課税部分を区別する必要があります。

　決算の段階で過去に遡って処理をすると、手間がかかり、ミスもしがちになります。本業以外の取引による収入件数は、そう多くないはずです。取引の都度契約書を確認するなどして、課税、非課税の分類は早めに済ませておくとよいでしょう。

■ 仕入控除税額を計算する

　消費税の計算は、課税標準額に対する消費税額から課税仕入等にかかる消費税額を控除するというものでした。この課税仕入等に係る消費税額には、国内における仕入による消費税と税関から輸入貨物を引き取った時に係る輸入消費税があります。国内における仕入による消費税のことを、「仕入控除税額」といいます。仕入れや経費といっしょに負担した消費税分ということです。以下では、仕入控除税額の計算方法について見ていきます。

　仕入控除税額を算出するためには、まず課税期間中に行った課税仕

入の合計金額を把握する必要があります。課税仕入には、仕入、経費以外に、固定資産の譲渡や貸付を行った場合も該当します。このような課税期間中のすべての支出に係る取引を、課税、非課税、消費税対象外のいずれかに分類した上で、課税に分類された取引の税込金額を集計します。税率が国税7.8％、地方税が2.2％の場合、課税仕入の合計金額に110分の7.8を掛けた金額が「仕入控除税額」です。たとえば課税仕入の合計が1,100,000円であった場合、仕入控除税額は1,100,000×7.8／110＝78,000円となります。これは最も基本的な仕入控除税額の計算方法です。実際はこれにさまざまな調整計算が加わります。

　ところで、事業者が「非課税売上」を行うために行った仕入で負担した消費税はどうなるのでしょうか。具体例でいえば、車いす製造用の材料費、教科用図書の製作費に含まれる消費税です。非課税売上の場合、最終消費者は消費税を負担しません。したがって仕入により事業者が負担した消費税については、最終消費者へ税の「転嫁」はされません。そのため、非課税売上のための仕入に係る消費税額については、実は仕入を行った事業者が負担することになります。言い換えれば、「非課税売上」のための「課税仕入」は、仕入控除税額から除外するということです。

　では、除外する金額はどのようにして計算するのでしょうか。まずは、「課税売上割合」という割合を計算するところから始まります。

　非課税売上・課税売上・免税売上の合計金額のうち課税売上の占める割合を、**課税売上割合**といいます。現実的に考えると、単純に非課税売上のための課税仕入だけを抽出することは困難であるため、便宜上割合を使って計算するというわけです。計算方法は後ほど見ていきます。

　なお、計算する側の事務処理の煩雑さを考慮して、課税売上割合が95％以上である場合、非課税売上はないものとみなされ、課税仕入に係る消費税額は、全額控除することができます。ただし、課税売上高5億円超の大規模事業者は、課税売上割合が95％以上の場合も、課税

仕入に係る消費税額は全額控除できません。

　課税売上割合が95％未満の事業者、及び課税売上高５億超かつ課税売上割合95％以上の事業者については、非課税売上のための課税仕入にかかった税額は、前述したように仕入控除税額から除外します。その計算方法は、①個別対応方式、②一括比例配分方式の２つがあります。それぞれの計算方法について見ていきましょう。

① 　個別対応方式

　まず、課税仕入を㋑課税売上に対応する課税仕入、㋺非課税売上に対応する課税仕入、㋩課税売上・非課税売上共通の課税仕入、の３つに分類します。分類できる課税仕入は極力分類して計算するということです。㋑に含まれる消費税額は全額仕入控除税額となります。㋺に含まれる消費税額については全額仕入控除税額の対象外となります。㋩に含まれる消費税額は、課税売上割合に応じた金額が仕入控除税額となります。つまり、仕入控除税額の計算は以下のようになります。なお、税率は国税6.3％、地方税1.7％とします（2019年10月１日以降は国税7.8%、地方税2.2%）。

仕入控除税額＝㋑×6.3 ／ 108＋㋩×6.3 ／ 108×「課税売上割合」
※税率10％（国税7.8%）の場合の分数式は7.8 ／ 110となる

---

② 　一括比例配分方式

　課税仕入に係る消費税額全額に、課税売上割合を掛けて仕入控除税額を計算する方法です。仕入控除税額の計算は以下のようになります。

仕入控除税額＝課税仕入に係る消費税額×6.3 ／ 108×「課税売上割合」
※税率10％（国税7.8%）の場合の分数式は7.8 ／ 110となる

第５章 ◆ 税率アップに対応！消費税のしくみ　　189

課税仕入を分類する必要がないため、①より簡便な方法だといえます。ただし、一度選択すると２年間継続して適用しなければなりません。

■ 調整対象固定資産の調整計算について

高額の固定資産を購入した場合、以下のような特例があります。

たまたま課税売上割合が大きく変動した年度に、高額の固定資産を購入した場合、仕入控除税額にも大きく影響します。割合が通常より

■ 消費税額の計算方法

◆個別対応方式

課税期間中の課税仕入にかかる消費税額のすべてを次のように区分する

課税仕入にかかる消費税額	イ 課税売上にのみ対応するもの		仕入控除税額（控除する消費税額）
	ハ イとロの両方に共通するもの	課税売上割合であん分	
	ロ 非課税売上にのみ対応するもの		控除できない消費税額

次の算式により計算した仕入控除税額を、課税期間中の課税売上にかかる消費税額から控除する

◆一括比例配分方式

課税仕入にかかる消費税額	課税期間中の課税仕入にかかる消費税額	課税売上割合であん分	仕入控除税額（控除する消費税額）
			控除できない消費税額

次の算式により計算した仕入控除税額を、課税期間中の課税売上にかかる消費税額から控除する

も高ければ得するものの、低ければ損をするというわけです。この課税の不公平感を解消するため、税抜100万円以上の一定の資産（調整対象固定資産）を購入し、以後３年間に課税売上割合が大きく変動した場合は、一定の調整計算を行います。購入年度の課税売上割合が低かった場合は加算、高かった場合は減算の調整を行います。なお、免税事業者が、課税事業者の選択をしてこの特例を受ける場合、３年間は課税事業者として扱われるため、注意が必要です。

■ 返品や値引き、貸倒れの取扱いについて

売上の返品や値引きを行った場合、課税売上であれば消費者への代金の返還も、消費税込で行います。この返還した部分の消費税は、仕入控除税額と同様、事業者が納付すべき消費税から控除することができます。値引き、返品のことを消費税法上「売上対価の返還等」といいます。得意先の倒産等の理由で、売掛金等が回収できなくなることを貸倒れといいます。貸倒れ部分に含まれる消費税分も、売上対価の返還等と同じく、控除することができます。

■ 消費税額の調整や端数処理について

一般的に使用する勘定科目ごとの消費税の取扱いは次ページの図のとおりです。

消費税の計算を行う場合、課税標準額、課税仕入に係る消費税額、差引税額の各段階で端数処理を行います。この端数計算の方法について見ていきます。課税標準額は、課税売上高の税抜価格を求めた後に千円未満の端数を切り捨てて計算します。

課税仕入に係る消費税額、売上対価の返還等に係る消費税額、貸倒れに係る消費税額の計算を行う場合、それぞれで発生した１円未満の端数については、切り捨てて計算します。

差引税額の計算を行う場合、課税標準額に対する消費税額から課税

第５章 ◆ 税率アップに対応！消費税のしくみ　191

仕入等に係る消費税額を控除した後、その残額に100円未満の端数があるときは、端数を切り捨てて計算します。中間納付税額も100円未満の端数を切り捨てて計算します。

なお、量販店など、少額、大量の取引を行う小売業者を念頭に制定された「課税標準額に対する消費税額の計算」という課税標準額の計算方法に関する特例制度があります。レジシステムの都合上、代金受領の都度端数処理を行うというものです。消費税率引き上げ後もこの特例については経過措置が適用されます。

■ 帳簿を保存する

課税仕入等に係る消費税額の控除を受けるためには、原則として帳簿及び事実を証明する請求書等の両方を保存しなければなりません。これらの帳簿及び請求書等は、課税期間終了後2か月を経過した日から9年間（平成30年4月1日以後に開始する欠損金の生ずる事業年度においては10年間）、申告書に記載した事務所の所在地などに保存することになっています。

なお、帳簿及び請求書等は原則として紙での保存ですが、帳簿については、保存期間の6年目以降は一定の要件を満たすマイクロフィルム等での保存が認められています。

国内における課税仕入の場合、帳簿への記載事項は以下のとおりです。ただし、小売業、飲食店業、写真業及び旅行業等を営む事業者は、記載事項のうち、「課税仕入の相手先の氏名又は名称」の記載を省略できます。

・課税仕入の相手先の氏名又は名称（会社名など）
・課税仕入を行った年月日
・課税仕入に係る資産又は役務の内容
・課税仕入に係る仕入対価の額
　輸入取引の場合、記載事項は以下のとおりです。

・課税貨物を保税地域から引き取った年月日

・課税貨物の内容

・課税貨物の引取りに係る消費税額及び地方消費税額

　国内における課税仕入の場合、請求書等の記載事項は以下のとおりです。この場合も、小売業、飲食店業、写真業及び旅行業等を営む事

■ おもな勘定科目ごとの消費税の取扱い ……………………………

	勘定科目	取扱い
①	商品や原材料仕入	課税。
②	給料・賃金	不課税。ただし通勤手当や国内の出張手当は課税。
③	福利厚生費	慶弔費・会社内の部活などの助成金は不課税。 物品の購入代は課税。
④	消耗品	課税。
⑤	旅費交通費	旅費、宿泊費、日当は課税。海外出張は輸出免税。
⑥	通信費	国内通信は課税。国際通信は輸出免税。
⑦	水道光熱費	課税。
⑧	交際費	課税。慶弔費は不課税。商品券は非課税。
⑨	広告宣伝費	課税。広告宣伝用プリペイドカードなどは非課税。
⑩	租税公課	不課税。印紙、証紙は非課税。
⑪	支払保険料	非課税。
⑫	賃借料	課税。土地、居住用家屋の賃借は非課税。
⑬	修繕費	課税。
⑭	謝金・外注費	課税。
⑮	寄付金・会費	不課税。懇親会など対価性のあるものは課税。
⑯	車両燃料費	課税。軽油代に含まれる軽油引取税は不課税。
⑰	支払手数料	課税。行政手数料は非課税。
⑱	支払利息	非課税。
⑲	機械や建物等、 車両や器具備品 の購入、賃借	課税。
⑳	減価償却費	不課税。

第5章 ◆ 税率アップに対応！消費税のしくみ　193

業者は、「書類の交付を受ける事業者の氏名又は名称」を省略できます。

・書類の作成者の氏名又は名称

・取引を行った年月日

・取引の内容

・取引の対価の額

・書類の交付を受ける事業者の氏名又は名称

　輸出取引の場合、税関長から交付される輸入許可書等の記載事項は以下のとおりです。

・保税地域の所在地を所轄する税関長の氏名

・課税貨物を引き取ることができることとなった年月日

・課税貨物の内容

・取引の対価及び引取りに係る輸入消費税額及び輸入地方消費税額

・書類の交付を受ける事業者の氏名又は名称

　取引の実態から、以下の場合は例外として請求書等の保存をしなくても控除を受けることができます。

・1回の税込取引金額が税込3万円未満の場合

・1回の税込取引金額が3万円以上で、自動販売機で購入した場合、入場券など相手方に証明書類が回収されてしまう場合など、請求書等の交付を受けなかったことについてやむを得ない理由がある場合

　なお、取引の相手先から受け取った請求書等や、自らが作成したこれらの写しは、あらかじめ税務署の承認を受けていれば、書面による保存に代えて、スキャナで読み取った電子化文書による保存方法が一定の要件の下で認められます。

　また、平成31年（2019年）10月1日以降から適用される軽減税率制度に基づく帳簿及び請求書等の記載事項は、157ページから161ページを参照してください。

11 簡易課税制度とはどんなしくみになっているのか

みなし仕入率を利用した簡便な計算方法である

■ 簡易課税制度とは

　簡易課税制度とは、消費税の計算をより簡便な方法で行うことのできる制度です。課税仕入に係る仕入控除税額を、「みなし仕入率」を利用して売上から概算で計算するというのが、原則課税方式と異なる点です。簡易課税制度を採用した場合、課税仕入、非課税仕入の分類、課税売上割合の計算、課税仕入の売上と対応させた分類をする必要がありません。

　この制度は、「基準期間における課税売上高」が5000万円以下である事業者にのみ適用されます。ただし、事業者の届出による選択適用であるため、「簡易課税制度選択届出書」を税務署へ提出しておく必要があります。届出を提出すると、翌事業年度から簡易課税制度が適用されます。一度選択すると2年間継続適用されるので、翌期の納付税額のシミュレーションなどを行い、原則課税方式と比較検討する必要があります。

■ 簡易課税制度ではどのように消費税を計算するのか

　簡易課税制度では、売上に対する消費税のうち何割かは仕入控除税額として控除すべき金額が占めているという考え方をします。仕入控除税額が占めている割合は、売上のうちに仕入が占める割合と一致しているとみなして、業種ごとに「みなし仕入率」が定められています。この「みなし仕入率」を課税標準額に対する消費税額に掛けることにより仕入控除税額を算出するという方法です。

　つまり、この制度を適用する場合、仕入控除税額の計算は、課税売

第5章 ◆ 税率アップに対応！消費税のしくみ　　195

上がどの業種に属するかを分類するだけでよいということになります。

具体例をあげて見てみましょう。

たとえば卸売業を営む場合、みなし仕入率は90％です。業種ごとのみなし仕入率については下図を参考にしてください。課税売上高が税抜2000万円の場合、納付税額はどうなるのでしょうか。

税率が10％であるとすると、課税売上に対する消費税額は、2000万円×10％＝200万円です。次に、仕入控除税額ですが、これを課税売上の90％とみなして計算することができるわけです。控除仕入税額は、2000万円×10％×90％＝180万円となります。したがって、差引納付税額は、200万円－180万円＝20万円となります。

■ 簡易課税制度はどんな取引に適用されるのか

仕入控除税額が多くなると、当然納める税額が少なくなります。つまり納税者に有利な結果ということです。

簡易課税制度を選択した方が有利になる場合とは、実際の仕入率よりみなし仕入率の方が大きい場合です。つまり、仕入率の比較的低い

■ 業種ごとのみなし仕入率 ……………………………………………

第1種事業	卸売業（みなし仕入率90％）
第2種事業	小売業（みなし仕入率80％）
第3種事業	農業・林業・漁業・鉱業・建設業・製造業・電気業・ガス業・熱供給業・水道業（みなし仕入率70％）（※）
第4種事業	第1種〜第3種、第5種及び第6種事業以外の事業たとえば飲食店業等（みなし仕入率60％）
第5種事業	第1種〜第3種以外の事業のうち、運輸通信業・金融業・保険業・サービス業（飲食店業に該当するものを除く）（みなし仕入率50％）
第6種事業	不動産業（みなし仕入率40％）

※食用の農林水産物を生産する事業は、平成31年10月以降に消費税の軽減税率が適用される場合において、第2種事業としてみなし仕入率が80％となる。

196

業種や、人件費など課税対象外の経費が多い業種であれば、簡易課税
制度を適用した方が有利ということになります。

　また、簡易課税制度は申告の事務手数がかなり簡略化されるため、
事業者によっては、原則課税方式と比較して多少不利な結果になった
としても、選択する事業者もあるようです。

■ 課税取引はどのように選択するのか

　簡易課税制度を選択した事業者が複数の事業を営んでいる場合には、
課税売上に係る消費税額を業種ごとに分類し、みなし仕入率を以下の
ように計算するのが原則的な方法です。

（第１種事業に係る消費税額×90％＋第２種事業に係る消費税額
×80％＋第３種事業に係る消費税額×70％＋第４種事業に係る
消費税額×60％＋第５種事業に係る消費税額×50％＋第６種事
業に係る消費税額×40％）／売上に係る消費税額の合計

　ただし、１種類又は２種類の業種で課税売上高の75％以上を占める
ような場合は、例外として、以下の簡便法によりみなし仕入率を計算
することもできます。

　１種類の事業で課税売上高の75％以上を占めている事業者は、その
業種のみなし仕入率を全体に適用できます。

　３種類以上の事業を営む事業者で、そのうち２種類の事業で課税売
上高の75％以上を占めている場合は、その２事業のうちみなし仕入率
の高い方の事業の課税売上高については、その高いみなし仕入率を適
用し、それ以外の課税売上高については、その２事業のうち低い方の
みなし仕入率をその事業以外の課税売上に対して適用できます。

　複数の事業を営む事業者が、事業ごとの課税売上高を区分していな
い場合は、最も低いみなし仕入率を全体に適用して計算します。

第５章 ◆ 税率アップに対応！消費税のしくみ　　197

12 消費税法上の特例について知っておこう

国、地方公共団体等に対する特例もある

■ どんな特例があるのか

　国、地方公共団体、公共・公益法人などの事業活動は、公共性が強く、営利目的の一般企業とは性質が少し異なります。たとえばその活動に法令上のさまざまな制約がある場合や、助成金などの資金を得て活動している場合もあります。このように国等の事業活動には特殊な面が多いことから、消費税法上もいくつかの特例が設けられています。

　国等の特例には、①資産の譲渡等の会計単位の特例、②納税義務の成立時期の特例、③申告期限の特例、④特定収入に係る仕入税額控除の特例、と大きく分けて4つあります。以下、その内容について見ていきましょう。

① 資産の譲渡等の会計単位の特例

　一般企業では、複数の業種を営む場合も会計はひとつです。つまり1つの決算書に、本業も副業も併せて表示するというわけです。一方、国や地方公共団体の会計は、その財源や事業ごとに分かれている場合があります。このような、特別に独立した会計のことを特別会計といいます。これに対して、その他の運営全般を受け持つ会計も存在します。これを一般会計といいます。

　国又は地方公共団体は、前述の特別会計、一般会計ごとに一法人が行う事業とみなして消費税法の規定を適用するというのが、会計単位の特例です。

② 納税義務の成立時期の特例

　納税義務の成立時期は、181ページでも述べたように、原則的には「引渡し」等を行った日です。ところが、国又は地方公共団体が行っ

198

た資産の譲渡等又は課税仕入等の時期については、企業会計のように純粋な発生主義に基づく処理でなく、一部は現金主義的な処理が行われる場合などがあることから、その対価を収納すべき又は支払いをすべき「会計年度の末日」に行われたものとすることができます。

　国又は地方公共団体に準ずる法人として税務署の承認を受けた、一定の公益、公共法人等の場合も、前述の特例と同様の取扱いとなります。

③　申告期限の特例

　国又は地方公共団体の特別会計の申告書の提出期限は、課税期間終了後3月から6月までの範囲で定められています。国については課税期間終了後5か月以内、地方公共団体については課税期間終了後6か月以内、地方公共団体が経営する企業については課税期間終了後3か月内です。なお、国又は地方公共団体の一般会計については、課税標準額に対する消費税額と仕入控除税額が同額であるとみなされるため、申告、納税義務はありません。

　税務署から承認を受けた一定の公益、公共法人等の申告書の提出期限は、6か月以内でその承認を受けた期限内となります。

　①～③は、少し特別な事情のある法人に関する特例といえます。これに対して④の特例については、国又は地方公共団体の特別会計、学校法人、社会福祉法人等の公益、公共法人等に加えて、NPO法人のような「人格のない社団等」に関しても適用される特例です。

　特例の内容については、以下で見ていきましょう。

■ 特定収入に係る仕入税額控除の特例とは

　特定収入に係る仕入税額控除の特例とは、仕入控除税額のうち、寄付金や助成金など一定の「不課税取引」に対応した部分については控除の対象から除外するというものです。仕入税額控除とは、売上などの課税標準額に対して預かった消費税額から仕入に際して支払った消

第5章 ◆ 税率アップに対応！消費税のしくみ　**199**

費税額を控除することをいいます。

なぜこのような特例が必要なのか、ボランティア活動を行うNPO法人を例にあげて、考えてみましょう。ある団体が寄付金を集めて食品を購入し、災害地へ配布したとします。受け取った寄付金は「不課税取引」ですから消費税の課税対象外です。一方、購入した食品代は課税仕入であるため仕入税額控除の対象となります。寄付金以外に収入がなかったとすると、通常の計算方法の場合食品代に係る消費税相当分は還付されることになります。寄付を受け取って購入した分の税金が還付されるというのでは、課税に不公平が生じてしまいます。また、ボランティアのような事業活動の場合、次段階の取引である販売先は存在しないため、食品代に含まれる消費税は、最終消費者である当団体が負担すべきものであるともいえます。このような制度上の不都合を解消するために設けられたのが、特定収入に係る仕入税額控除の特例です。

特例の内容としては、仕入控除税額を調整するというものです。一定の「不課税取引」による収入を「特定収入」といいます。特定収入については、後述しますが、簡単にいえば寄付金や助成金のような収入です。収入全体のうち、この特定収入が占める割合が多いと判定された場合、調整計算により仕入控除税額が減額されます。ただし、免税事業者と簡易課税制度を選択している事業者には、この特例は適用されません。

■ 特定収入とは

特定収入とは、わかりやすく言うと「課税売上」「免税売上」「非課税売上」以外の収入、つまり不課税取引による収入をいいます。

具体例をあげてみると、租税・補助金・交付金・寄付金・出資に対する配当金・保険金・損害賠償金・経常会費・入会金などが特定収入に該当します。

ただし、借入金（補助金等で返済される規定があるもの以外）・出
資金・預貯金及び預り金・貸付回収金・返還金及び還付金、非課税仕
入、人件費などに使用されることが明らかな収入の他、政令で定める
一定の収入は、特定収入に該当しません。

■特定収入がない場合の消費税はどうなるのか

　特例が適用されるかどうか判定を行うために、まず「税抜課税売
上」「免税売上」「非課税売上」「特定収入」の合計金額のうち「特定
収入」の占める割合（「特定収入割合」）を計算します。

　特定収入割合が５％以下である場合、あるいは特定収入がない場合
の消費税については、通常の原則課税方式で計算します。

■特定収入がある場合の消費税はどうなるのか

　「特定収入割合」が５％超であった場合、仕入控除税額は、通常の
課税仕入等の税額から特定収入を原資とする課税仕入等の税額を差し
引いて調整します。

　特定収入に係る課税仕入等の税額については、特定収入はすべて課

■ 消費税法上の特例

特　例	国・地方公共団体		公共法人・公益法人等	人格のない社団等
	一般会計	特別会計		
会計単位の特例	適用	適用	－	－
納税義務の成立時期の特例	適用	適用	承認必要	－
申告期限の特例	申告義務なし	適用	承認必要	－
特定収入に係る仕入税額控除の特例	課税標準額に対する消費税額と同額とみなす	適用	適用	適用

第５章 ◆ 税率アップに対応！消費税のしくみ　201

税仕入を行う目的で使用したものとして、「特定収入」×7.8／110に相当する金額とします。

この特定収入についてですが、法令や交付要綱などで交付目的が明らかにされているものもありますが、中には用途が明らかにされていないものもあります。用途が明らかにされていないということは、事業者側は必ずしも課税仕入を行うために使用するとは限りませんので、収入すべてを調整対象にしてしまうと実態とは合わなくなってきます。

このような使途不特定の特定収入がある場合は、課税仕入のうち収入に応じた一定の割合（調整割合）分だけ、その使途不特定の特定収入を購入資金として課税仕入を行ったとみなして調整計算を行います。

調整割合は、「使途不特定の特定収入」／（税抜課税売上高＋非課税売上高＋免税売上高＋使途不特定の特定収入）となります。

つまり、特定収入がある場合の仕入控除税額の計算は以下の通りとなります。

まず特定収入を使途に応じて課税仕入を行うための特定収入と使途不特定の特定収入に分類します。消費税率を10％とします。分類した金額をもとに、①「課税仕入を行うための特定収入」×7.8／110と、②（通常の課税仕入等の税額−①の金額）×調整割合とをそれぞれ計算します。①・②の合計額が、特定収入がある場合の仕入控除税額となります。

■ 特定収入割合や課税売上割合との関係で気をつけること

課税売上割合が95％未満で簡易課税制度を選択していない事業者の場合、仕入税額控除の計算方法は個別対応方式又は一括比例配分方式となります。①個別対応方式又は②一括比例配分方式が採用された場合、特定収入に係る調整金額についても課税売上割合を対応させる必要があり、計算方法は以下のようになります。なお、消費税率は10％とします。

① 個別対応方式

　使途が特定されている特定収入を、㋑「課税売上のためにのみ要する課税仕入に係る特定収入」、㋺「課税売上と非課税売上に共通して要する課税仕入に係る特定収入」とに分類します。

　調整金額は、㋑×7.8／110＋㋺×7.8／110×「課税売上割合」＋（「調整前の課税仕入に係る消費税額」－㋑・㋺）×「調整割合」となります。なお、調整前の課税仕入に係る消費税額とは、個別対応方式により通常通り課税仕入を分類して計算された金額です。

② 一括比例配分方式

　特定収入に係る課税仕入についても一括で課税売上割合を乗じて計算します。調整金額は、㋑課税仕入に係る特定収入×7.8／110×課税売上割合と㋺（調整前の課税仕入に係る消費税額－㋑）×調整割合との合計額となります。

　なお、調整前の課税仕入に係る消費税額とは、通常の一括比例配分方式により課税売上割合を乗じて計算した金額です。

■ 特定収入とは

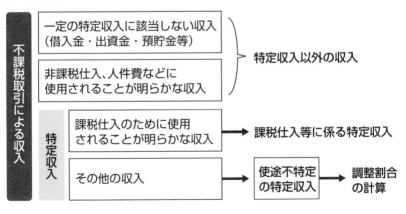

13 税込経理方式と税抜経理方式の違いについて知っておこう

消費税額を売上額に含めるかどうかという違いがある

■ 消費税の会計処理方式にはどんなものがあるのか

消費税の会計処理方式には「税込経理方式」と「税抜経理方式」があります。

税込経理方式とは、帳簿上本体価格と消費税額を含めた額で取引を表示する方法です。

税抜経理方式とは、帳簿上本体価格と消費税額を「仮受消費税等」と「仮払消費税等」に都度分けて表示する方法です。消費税「等」には、地方消費税が含まれています。会社の場合、年1回管轄の税務署に決算書を添付した確定申告書を提出することが義務付けられています。この決算書は、一般的に税抜経理で作成されます。

■ 具体的な会計処理はどのように行うのか

税込経理方式による会計処理は以下のとおりです。

(売掛金)	220,000	/	(売上)	220,000
(仕入)	110,000	/	(買掛金)	110,000

税抜経理方式による会計処理は以下のとおりです。

(売掛金)	220,000	/	(売上)	200,000
		/	(仮受消費税等)	20,000
(仕入)	100,000	/	(買掛金)	110,000
(仮払消費税等)	10,000			

期末において、納付すべき消費税額を計算したときの会計処理は、それぞれ次のようになります。

税込経理方式の場合は、納付すべき消費税額として計算された金額

204

をそのまま「租税公課」として計上します。納付すべき消費税額が30万円であった場合、その課税期間の経費として以下の仕訳を行います。

（租税公課）300,000 ／（未払消費税等）300,000

また、実際に納付した事業年度の経費とすることもできます。その場合、以下の仕訳となります。

（租税公課）300,000 ／（現金預金）　　300,000

税抜経理方式の場合、期末における「仮受消費税等」と「仮払消費税等」については、反対仕訳を行い、すべて精算してしまいます。差額を納付すべき消費税額として、「未払消費税等」に振り替えます。

端数処理はどうするのか

税抜経理方式を採用した場合、期中の取引における「仮受消費税等」「仮払消費税等」には端数が出ます。しかし、実際に納付すべき消費税は百円未満切捨であるため、「仮受消費税等」と「仮払消費税等」の差額とは合致しません。この差額は雑収入又は雑損失として精算してしまい、翌期首の「仮受消費税等」「仮払消費税等」の残額はゼロになるようにします。

消費税額を計算したときの税抜経理方式による会計処理は以下のようになります。

精算処理前の「仮受消費税等」残高612,345円、「仮払消費税等」残高312,000円、納付すべき消費税額が30万円であった場合、仕訳は以下のようになります。

（仮受消費税等）612,345 ／（仮払消費税等）312,000

　　　　　　　　　　　　 ／（未払消費税等）300,000

　　　　　　　　　　　　 ／（雑収入）　　　　 345

第5章 ◆ 税率アップに対応！消費税のしくみ　　205

14 消費税転嫁対策特別措置法について知っておこう

消費税の円滑かつ適正な転嫁のために成立した時限立法

どんな法律なのか

消費税の円滑かつ適正な転嫁の確保のための消費税の転嫁を阻害する行為の是正等に関する特別措置法（消費税転嫁対策特別措置法）は、平成26年（2014年）4月からの消費税8％引上げと、平成31年（2019年）10月からの10％への税率の引上げにあたり、消費税の円滑・適正な転嫁を確保するため、平成25年（2013年）5月に成立しました。

通常、事業者は納税義務者として売上に対する課税を負担します。これを前提に事業者はあらかじめ販売価格に消費税相当額を織り込みますので、結果的には消費者が税を負担するわけです。これを消費税の転嫁といいます。また、事業者は、仕入れにかかる税額を控除した差引税額を納付することが原則です。

措置法は、段階的な消費税引上げに際し予見される事業者や消費者の懸念を解消するために、4つの「特別措置」や「国等の責務」を定めたものとなります。このような事情から、本法は平成25年（2013年）10月1日から平成33年（2021年）3月31日まで適用される時限立法となっています。

どんな特別措置を設けているのか

消費税転嫁対策特別措置法により直接、事業者や消費者が影響を受ける4つの特別措置は以下のとおりです。

① **消費税の転嫁拒否等の行為の是正に関する特別措置**

適用期間は、大規模事業者に供給する商品やサービスに関して、供給事業者が大規模事業者から、消費税と関連させた「減額」「買いた

たき」「利益提供」等をされないように規制しています。
② 消費税の転嫁を阻害する表示の是正に関する特別措置
　消費者に対して、消費税の負担をしていない、消費税が軽減されるような誤認を与えるような表示が規制されます。また、事業者が消費税分を値引きするといった広告や宣伝が禁止されます。
③ 価格の表示に関する特別措置
　段階的な消費税の引上げに関して、表示価格が税込価格であると誤認されない措置を行っていれば、税抜価格表示をすることが可能になります。
④ 転嫁・表示方法の決定についての共同行為に関する特別措置
　あらかじめ、公正取引委員会に届出をした事業者や事業者団体は、平成26年4月1日から平成33年3月31日までの間、商品やサービスの供給について、独占禁止法の例外として、「転嫁カルテル」「表示カルテル」が認められるようになります。
　「転嫁カルテル」とは、消費税の転嫁の方法の決定に係る共同行為をいい、「表示カルテル」とは、消費税についての表示の方法の決定にかかる共同行為のことをいいます。

■ 消費税転嫁対策特別措置法で定められた特別措置

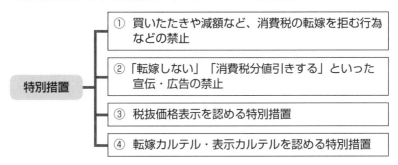

15 消費税の転嫁拒否行為について知っておこう

消費税の転嫁ができずに供給事業者が自己負担することを防ぐ

■ どんな事業者が対象になるのか

消費税転嫁拒否等の行為が規制されるのは、「特定事業者」に該当する場合です。特定事業者とは、以下のいずれかに該当する事業者をいいます。これに対して、特定事業者に継続して商品やサービスを供給する事業者を「特定供給事業者」といいます。

大雑把にいえば、特定事業者とは大規模小売事業者等のことで、百貨店や大手量販店などの消費者を相手に大規模に展開する事業者、特定供給事業者は、大規模小売事業者へ商品を卸している個人商店や小規模の卸売業者などの事業者、というイメージです。特定事業者、つまり転嫁拒否等をする側については、下記のとおりです。

① **大規模事業者**

一般消費者が日常使用する商品の小売事業者で、前事業年度の売上高が100億以上の事業者又は東京都特別区、政令指定都市において店舗面積3000㎡以上、その他の市町村の場合で店舗面積1500㎡以上の事業者

② **下記の事業者から継続して商品やサービスの供給を受ける法人の事業者**

・個人事業者

・人格のない社団等

・資本金3億円以下の事業者

■ 減額、買いたたきについての注意点

特定事業者は、本体価格に消費税分を上乗せした金額を対価とする

208

ことを契約していた場合、消費税引上げ分について減額要求することができません。これは一部であっても同様です。また、合理的理由がないにもかかわらず、消費税引上げ前の税込価格に対して、引き上げられた消費税を上乗せした金額よりも低い対価を定めることも「買いたたき」となるので注意が必要です。

なお、納期の遅れや不具合など、特定供給事業者側の落ち度により値引きする場合や、大量発注等でコスト削減の効果が価格に反映されている場合などは、これらの減額や買いたたきには該当しません。

■不当な利益提供、購入強制等についての注意点

仮に特定事業者が消費税の転嫁を拒否しなかったとしても、それらに見合った経済上の利益を提供させようとする行為は禁止されています。

たとえば、本体価格の引下げに応じなかった供給事業者に対して、自社のチケット購入、宿泊施設利用を要請する行為などです。逆に供給事業者に販売していた商品があった場合に、それらの購入金額を増やすように要請することもできません。関連した協賛金の支出、従業員の派遣要請、諸費用の負担を求める行為なども禁止されていますので、注意が必要です。

■ 規制される転嫁拒否等の行為

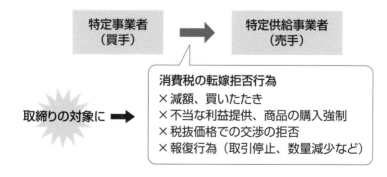

第5章 ◆ 税率アップに対応！消費税のしくみ

■ 税抜価格での交渉の拒否についての注意点

　特定事業者は、供給事業者より税抜価格で交渉したいという申し出があった場合、それを拒否することはできません。

　たとえば、供給事業者が税抜価格と消費税額を明瞭に区分し、作成した見積書を提出してきたことに対して、税込価格での見積書で再提出させることはできません。強制的に税込価格でしか記載できない見積書の様式を定めることも同様です。

■ 報復行為についての注意点と違反者に対する処分

　規制されている消費税転嫁拒否等の行為を行った特定事業者について、公正取引委員会等に知らせた供給事業者に対して、取引の停止、取引の数量を減らすこと、その他の不利益な取扱いをすることは禁止されています。

　規制される消費税転嫁拒否等の行為を行った特定事業者に対しては、公正取引委員会、事業を所管する大臣等、中小企業庁長官から違反行為の是正を求める指導が行われます。

　また、ケースによって中小企業庁長官から公正取引委員会に措置請求が行われますので、違反した特定事業者には、速やかに消費税の適正な転嫁に応じ、必要な措置をとるように勧告がなされ、その旨が公表されます。これにより、企業イメージや社会的信用が失われる恐れがあるので、注意が必要です。

　なお、公正取引委員会や中小企業庁長官は、特定事業者等に対して、報告を求めたり、立入検査を行うことで監視・取締りがなされます。

　これに対して、消費税の転嫁を拒否された供給事業者は、各地の公正取引委員会や商工会議所に知らせたり、相談することが可能です。

消費税の転嫁を阻害する表示を是正するということになると、「消費税還元セール」といった広告宣伝が禁止されることになるのでしょうか。

　　消費税は、最終的に消費者が負担するものです。そこで、消費者が消費税を負担していない（消費税の転嫁がなされていない）、あるいは消費税の負担が軽減されていると誤認をしないように、事業者は配慮しなければなりません。また、事業者が自己の供給する商品やサービスに関して消費税部分を値引きするなどの宣伝や広告をすることが禁止されます。この規制は、前ページまでで述べた転嫁拒否行為に対する規制と異なり、事業者すべてが該当するので注意が必要です。

●どんな表示が禁止されてどんな表示が許されるのか

　具体的に禁止される行為をもとに、どのような表示が可能かについて考えてみましょう。この規制で禁止されるのは以下のとおりです。

① 取引の相手方に消費税を転嫁していないことの表示

　たとえば、「当店では、消費税の転嫁をいたしません」「消費税の負担は当社がいたします」「消費税還元セール」といった表示が禁止されます。これは、消費者が事業者に対して支払いを行えば、支払額には消費税法が定める消費税額が必ず含まれており、また、消費者としてはこの消費税の全額を負担していることになるためです。

② 取引の相手方が負担するはずの消費税を減額することを、消費税に関係して表示すること

　たとえば、「消費税引上げ分〇％分をレジにて値引きします」「消費税引上げ分還元セール」といった表示をすることができません。税込10,800円（税率8％）の商品が、税率10％になった場合でも税込11,000円とはせずに、消費税還元セールと称して税込10,800円に据え置いたとしても、消費者が10％分の消費税981円（税抜9,819円）を負

担することには変わりはないということになります。

③　**消費税に関連して取引の相手方に経済的利益を与えるような表示**

　物品や金銭、サービスなどについて経済上の利益を提供するような表示のことです。

　たとえば「当店では消費税分、ポイント還元いたします」といった表示が原則として禁止されます。

　つまり、宣伝や広告の表示について、全体的に見て消費税と関連していない場合や、客観的に見て消費税を意味していると考えられない場合は、本規制には該当しないといえます。

　たとえば「春の新生活応援セール」「歳末大売出し」といった表示は消費税との関連が明らかではありません。また、「２％割引きセール」「10％還元セール」など、例年同じように行っているセールの値引額が、たまたま消費税や、引上げ分と一致するような場合も問題ありません。

■ **禁止される表示と禁止されない表示** ………………………………

┌─────────────────────────────────┐
│　…………………　**禁止される表示**　…………………
│
│　・当店では、消費税の転嫁をいたしません
│　・消費税の負担は当社がいたします
│　・消費税還元セール
│　・消費税引上げ分○％をレジにて値引きします
│　・消費税引上げ分還元セール
│　・消費税分ポイント還元いたします
└─────────────────────────────────┘

┌─────────────────────────────────┐
│　…………………　**禁止されない表示**　…………………
│
│　・春の新生活応援セール
│　・歳末大売り出し
│　・例年行っている割引がたまたま税率等と一致する
│　　場合　（２％割引セール、10％還元セールなど）
└─────────────────────────────────┘

212

第6章

その他知っておきたい！
さまざまな税金

1 会社にかかる住民税は個人の住民税と違うのか

法人住民税にも、道府県民税と市町村民税がある

■ 法人住民税とは

　会社が納める住民税を**法人住民税**といいます。個人住民税と同じく、法人住民税にも道府県民税と市町村民税があります。ただし、東京特別区だけに所在する法人には区の分と合わせて法人都民税として課税されます。法人住民税には、下記の２つがあります。

　なお、平成26年度の税制改正により、法人住民税の一部が引き下げられて、国税として地方法人税が創設されました。この地方法人税の税率については、平成31年10月１日以後開始の事業年度より、税率が4.4％から10.3％に引き上げとなり、同時期に住民税法人税割の税率が12.9％から7.0％に引き下げとなります。

① 均等割

　法人の所得が黒字、赤字を問わず資本金や従業員数等に応じて課税されるものです。道府県民税が最低２万円から５段階、市町村民税が最低５万円から10段階に分かれています。

② 法人税割

　個人住民税における所得割に相当するもので、原則として国に納付する法人税額を基礎として課税されるものです。税率は、地方公共団体ごとに、「標準税率」（税率を定める場合に通常よるべきものとされている税率）と「制限税率」（最高税率のこと）の範囲内で定められています。国に納付する法人税額にこの税率を掛けて、税額が決まります。標準税率は、道府県民税が3.2％、市町村民税が9.7％となっていますが、平成28年度税制改正により、平成31年10月１日以後に開始する事業年度の標準税率は、道府県民税が1.0％、市町村民税が6.0％

214

に引き下げられることになりました。

　なお、従来は法人住民税の中に利子割という、預貯金の利子を基礎として課税される道府県民税がありましたが、税制改正により平成28年（2016年）より廃止されました。

　法人住民税は、原則としてその都道府県・市区町村に事務所・事業所・寮等を有している会社が納める税金です。その内容により課税される税金が異なります。都道府県・市区町村に事務所・事業所を有する会社は、均等割額・法人税割額の両方が課税されます。都道府県・市区町村内に寮などを有する会社でその都道府県・市区町村内に事務所・事業所等を有していない場合は、均等割額のみが課税されます。

　なお、次のような場合は、市区町村への届出が必要です。市区町村内に法人を設立又は事業所を設置した場合は「設立等届出書」を、市区町村内に事業所等がある法人で、事業年度、名称、所在地、代表者、資本等の変更又は法人の解散、清算結了、事業所の閉鎖等があったときは、「異動届出書」を提出する必要があります。「設立等届出書」「異動届出書」を提出する際は、「登記事項証明書」などの添付が必要です。

■ 法人住民税の申告納付期限について

　法人住民税も法人税と同様に申告納税制度によりますので、「確定申告書」を作成し、提出しなければなりません。

■ 法人住民税の概要

法人住民税	道府県民税	均等割額	資本金・従業員数等に応じて課税
		法人税割額	法人税額を基礎として課税
	市町村民税	均等割額	資本金・従業員数等に応じて課税
		法人税割額	法人税額を基礎として課税

第6章 ◆ その他知っておきたい！さまざまな税金　　215

申告納付期限は、法人税と同様、各事業年度終了の日の翌日から２か月以内です。ただし、申告期限については、会計監査人の監査を受けるなどの理由で２か月以内に決算が確定しない場合には、事業年度終了の日までに申請書を提出すれば、原則として、１か月間申告期限を延長できます。

　また、平成29年度税制改正により、会計監査人を置いている場合で、かつ、定款で事業年度終了日の翌日から３か月以内に決算にかかる定時総会が開催されない定めになっている場合には、決算日後最長６か月まで申告期限が延長可能になっています。

　なお、納税については、通常の申告納付期限である2か月を超えて納税をした場合、別途利子税がかかります。

■ 中間申告が必要な法人のケース

　法人住民税の場合は個人住民税と異なり中間申告制度が設けられています。事業年度が６か月を超える法人については、事業年度開始の日以後６か月を経過した日から２か月以内に中間申告書を提出し、住民税を納付する必要があります。

　中間申告の方法についても、法人税と同様に「仮決算」と「予定申告」の２種類の方法があります。

■ 複数の地域に営業所がある場合

　複数の都道府県や市区町村に営業所などがある場合には、次のように法人税割（214ページ）を計算します。

　まず、当期の法人税額を各営業所の従業員の数で按分します。そして、各地方公共団体で定める税率をそれぞれ按分した法人税額に掛けて法人税割を求めます。

　均等割（214ページ）については、営業所が所在するそれぞれの都道府県や市区町村の定める均等割を納めます。

216

2 法人事業税について知っておこう

行政サービスの経費の一部を負担する性格の税金である

■ 行政サービスの経費の一部を負担する

　法人事業税とは、都道府県に事務所・事業所又は国内に恒久的な施設を有し、事業を行う法人に課税されるもので、法人が都道府県から受けるサービスの経費の一部を負担する性格の税金です。

　法人事業税が課税される根拠としては、法人がその事業活動を行うために、都道府県の各種行政サービスを受けていることから、これらに必要な経費を分担すべきであるという考え方に基づいています。一方、事業税を負担する法人側の処理としては、法人税などの課税所得計算において、一般の経費と同様に損金処理が認められています。

　法人事業税は、国内で事業を行う法人に課税されますが、国・都道府県・市区町村・公共法人には課税されません。また、公益法人等の公益事業に係る所得については、法人事業税が課税されませんが、公益法人等の収益事業については、普通法人と同じように法人事業税が課税されます。

　法人事業税の課税標準は、電気供給業・ガス供給業・生命保険事業・損害保険事業を行う法人については、その法人の各事業年度の収入金額が、それ以外の事業を行う一般の法人については、各事業年度の所得金額が課税標準となります。資本金・床面積等の外形を使う方法もありますが、通常は所得金額を課税標準とする方法をとっています。

■ 外形標準課税以外の法人事業税はどのように計算するのか

　法人事業税の課税標準である各事業年度の所得金額は、法人税申告書「別表四」の「総計」の所得金額に一定の金額を加減算して求め、

第6章 ◆ その他知っておきたい！さまざまな税金　217

その所得金額に次の標準税率を乗じて法人事業税を計算します。

　平成31年10月１日以後に開始する事業年度の、資本金１億円以下の普通法人への標準税率は、所得のうち年400万円以下の金額については5.0％、所得のうち年400万円超800万円以下の金額については7.3％、所得のうち年800万円超の金額及び清算所得の金額については9.6％となります。事業税は地方税なので、各都道府県が政令で定めた規定によって課されるため、資本金の額や所得金額などに応じて税率が異なります。ただし、標準税率に1.2を乗じた税率の範囲内でしか適用することができません。

　平成20年（2008年）10月１日に開始する事業年度から法人事業税の一部を分離し、国税である地方法人特別税が創設されました。企業の事業所が東京、大阪、愛知などの大都市に集中しているなどの理由から、地方事業税の徴収金額が都道府県ごとに偏りがあるため、法人事業税の一部を国税とすることによって、国が税収の少ない地方に再分配するというのが目的で、法人事業税といっしょに徴収されていました。なお、消費税率の引き上げの時期と合わせて、平成31年10月１日以後に開始する事業年度より、地方法人特別税は廃止されました。

　地方法人特別税が廃止され、法人事業税に復元されるため、法人事業税（所得割・収入割）の税率も引き上げとなりました。

■ 法人事業税はいつ申告・納付するのか

　法人事業税も法人税と同様、申告納税制度によりますので、確定申告書を作成して申告納付しなければなりません。申告納付期限は、法人税と同様、各事業年度終了の日の翌日から２か月以内です。

　中間申告納付についても、法人税と同様、その事業年度開始の日から６か月を経過した日から２か月以内に申告納付しなければなりません。この申告方法にも、法人税と同様に「予定申告」「仮決算」の２つの方法があります。

Q 資本金1億円超の法人を対象とする課税方式である外形標準課税について教えてください。

A **外形標準課税**は、平成16年4月1日以後に開始する事業年度から資本金が1億円を超える法人について導入されました。外形標準課税とは、所得に対して課税するのではなく、事業所の床面積や従業員数、資本金の額など客観的に判断できる基準をもとに課税する制度です。

導入の趣旨は、事業税は地方自治体から提供されるサービスの対価と考えられているため、所得に課税するよりも事業規模など一定の基準により課税した方が合理的なこと、その行政サービスの財源となる税収も安定することなどです。総務省は、外形標準課税導入の理由として、以下の4つをあげています。

① 事業規模に応じた公平な課税
② 行政サービスの受益に応じた課税
③ 都道府県の安定した税収の確保
④ 経済の活性化と構造改革の促進

外形標準課税は、従来事業税を負担していなかった赤字企業にも税負担を求めるかわりに、所得に対する税率は一般法人に比べて低くなっています。そのため、利益獲得力の高い企業にとっては、税金負担を減少させる効果があります。つまり、黒字企業はより拡大・発展を、逆に赤字企業については、市場からの撤退を促すことになり、その結果、経済の活性化と構造改革を促進させることにつながるといわれています。また、外形標準課税は、収入金額を事業税の課税標準とする法人（電気・ガス事業者など）及び公益法人、投資法人、特定目的会社には適用されません。

●**外形標準課税による税額はどうやって計算するのか**

外形標準課税では、法人の所得、付加価値額、資本金等の額の3つ

の金額を課税標準として、それぞれの課税標準に一定税率を掛けたものを合算して法人事業税を計算します。所得に税率を掛けたものを所得割、付加価値額に税率を掛けたものを付加価値割、そして資本金等の額に税率を掛けたものを資本割といいます。

各事業年度の所得の算定方法は従来どおりです。各事業年度の付加価値額は、各事業年度の収益配分額（給与や支払利子などの合計額）と単年度損益との合算により算定されます。資本等の金額は、各事業年度終了の日における資本金額と資本積立金額の合計額です。

所得割に係る標準税率は、所得のうち400万円以下が0.3％、400万円超800万円以下が0.5％、800万円超が0.7％（平成31年10月1日以後開始する事業年度は400万円以下が1.9％、400万円超800万円以下が2.7％、800万円超が3.6％）となっています。付加価値割に係る標準税率は1.2％、資本割に係る標準税率は0.5％が適用されます。所得割の事業税同様、各都道府県が政令で定めた規定によって課されるため、資本金の額や所得金額などに応じて税率が異なります。ただし、標準税率に1.2を乗じた税率の範囲内でしか適用することができません。

■ **法人事業税の外形標準課税（標準税率）**

※平成31年10月1日以後開始する事業年度は、税率1.9〜3.6％

③ 不動産の取得や売却時にかかる
税金にはどんなものがあるのか

印紙税、登録免許税、不動産取得税、消費税などの税金がかかる

■契約時に印紙税がかかる

　土地や建物を売った場合に作成される不動産売買契約書には、売買代金に応じた印紙税を納付しなければなりません。不動産売買契約書については、売主・買主双方で契約書を作成し、保存する場合にはそれぞれの契約書が課税文書に該当しますので、それぞれの契約書に印紙の貼付が必要になります。建物の請負工事契約書や借入金等の金銭消費貸借契約書等にも印紙を貼り、消印をします。これが印紙税の納付となります。

■登記時に登録免許税がかかる

　土地、建物を取得した後、その権利を第三者に対抗（主張）するためには登記をしなければなりません。登記を行う場合に必要な税金が登録免許税です。登録免許税は、固定資産税課税台帳に記載されている価額（固定資産税評価額）に基づいて計算します。

　土地の売買による登記では、税率は取得価格の1000分の20です。ただ、平成31年3月31日までに取得した場合は1000分の15になる軽減措置が設けられています。住宅の売買による登記の場合も、平成32年3月31日までの取得には軽減税率が適用されます。

■不動産取得税という税もかかる

　不動産取得税は、土地や建物を買ったり建物を建築した場合に、その取得した者に対して課税されます。納税義務者は、不動産を売買・建築などで取得した者で、課税標準となる不動産の価格は、固定資産

第6章 ◆ その他知っておきたい！さまざまな税金　221

課税台帳に登録されている固定資産税評価額に基づいて計算します。

　不動産取得税の計算は、具体的には、取得した不動産の価格（課税標準額）に税率を掛けて求めます。

　平成33年（2021年）3月31日までに宅地を取得した場合は、取得した不動産の価格×2分の1を課税標準額とします。平成33年3月31日までに住宅及び土地を取得した場合、税率は3％です。さらに、一定の要件を満たす住宅用土地を取得した場合には、床面積の2倍相当額が減額される特例があります。なお、取得した不動産の課税標準額が、土地の場合は10万円、新築や増築した家屋の場合は23万円、売買等により取得した家屋の場合は12万円未満のときは課税されません。

　また、一定の床面積要件を満たす住宅については、取得した不動産の価格から控除額を差し引いて計算します。控除額は、新築住宅の場合1,200万円（平成32年3月31日までに取得した認定長期優良住宅の新築の場合については1,300万円）、耐震基準に適合する中古住宅の場合、建築年次により100万円〜1,200万円となっています。この控除を差し引いた金額に3％を掛けた金額が住宅にかかる不動産取得税です。

■ 消費税もかかる

　国内にある不動産を事業者から購入した場合には、消費税がかかります。消費税の納税義務者は事業者なので、課税事業者である法人は、買主より消費税を受け取り、納税する義務があります。ただし、土地部分については、非課税取引として消費税がかかりません。たとえば、土地建物の総額が4,000万円で、消費税10％分が250万円となっている場合は、計算違いではなく、土地代が1,500万円、建物代が2,500万円ということです。

■ 法人税がかかる

　個人が土地や建物を譲渡した場合は、他の所得とは分離し、譲渡所

得を計算しますが、法人は一事業年度のすべての益金額からすべての損金額を控除することによって、課税所得を算定します。したがって土地等の譲渡代金（益金）についても他の益金と合算して課税所得金額を計算し、この課税所得金額に対して法人税が課税されます。

■ 土地重課課税（法人税）とは何か

法人税の計算はすべての益金からすべての損金を控除して計算しますが、土地等の「長期譲渡」あるいは「短期譲渡」が行われた場合は、通常の法人税の他に期間損益（１事業年度における損益）とは別枠で土地譲渡にかかる重課税額を計算します。したがって、会社の期間損益が損失の場合、通常の法人税はかかりませんが、土地譲渡益があればそれについては課税されます。

ただし、この制度は土地投機抑制や土地取引の活性化を図る目的で、

■ 不動産取得時の税金

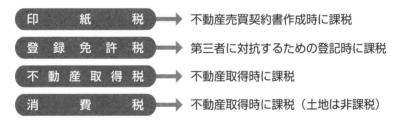

■ 不動産売却時の税金（法人の場合）

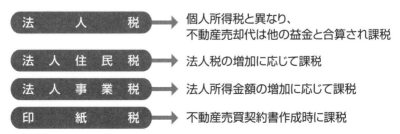

第６章 ◆ その他知っておきたい！さまざまな税金　223

平成10年（1998年）から平成32年（2020年）3月31日までの間、適用が停止されています。

低額譲渡課税（法人税）とは何か

法人は経済行為の実施を目的として設立されるため、法人の行為は経済合理性に基づくものと考えられています。そのため法人税においては無償で資産を譲渡した場合であっても、時価で譲渡した場合に本来受け取るべきその対価を贈与（寄付）したものとみなされます。

この場合、寄付金の損金算入限度額を超えた寄付金の額は、損金不算入となり、法人税の課税対象になります。

具体的な事例で説明すると、時価8,000万円、帳簿価額2,000万円の土地を3,000万円で譲渡した場合の処理は、以下のようになります。

（借方）	（貸方）	
現金　　3,000万円	土地	2,000万円
寄付金　5,000万円	固定資産売却益	6,000万円

寄付金は交際費と同じように、損金算入限度額が設けられているので、その範囲内であれば損金算入できますが、それを超える部分は課税となります。この事例では、「固定資産売却益－寄付金損金算入限度額」が課税所得となります。

法人住民税・事業税が増える

法人住民税・事業税の計算は、特別の定めがあるものを除き、法人税の計算を基礎として計算されます。したがって、不動産の譲渡益により法人税の課税標準額及び法人税額が増加した場合には、法人住民税・事業税も増加することになります。

4 自動車にも税金がかかる

自動車の取得や保有にはいろいろな税金がかかる

自動車税とは

　自動車には、消費税の他に自動車税、軽自動車税、自動車重量税などが課されますが、代表的なのは**自動車税**です。自動車税は、自動車を保有していることに対してかかる財産税という位置付けの都道府税です。

　自動車税は、毎年4月1日時点の自動車の所有者に課される税金で、納税義務者に5月31日期限の納付書が送られてきます。納付書には証明書がついていて、納付しないと車検が受けられないしくみになっています。自動車税の対象となる自動車は、乗用者・トラック・バスで、税額は自家用、営業用の区分と総排気量で決まります。また、平成22年（2010年）4月1日から、「自動車税のグリーン化税制」（環境配慮型税制）という特別措置が導入されました。この特別措置は、環境負荷の小さい自動車に対する税率の軽減と環境負荷の大きい自動車に対する税率の重課という内容になっています。税の軽減に関しては、自動車の種類によって軽減税率や軽減の制度の期間が異なります。

　新規登録した場合又は廃車にした場合には、月割計算により課税又は還付されます。

自動車税・軽自動車税種別割とは

　平成31年10月より、それ以前に施行されていた軽自動車税は「種別割」と名称変更されます。この改正に伴い軽自動車税は、「種別割」と「環境性能割」で構成されるようになっています。また、自動車税にいても同様に「種別割」と「環境性能割」の構成に変更となりまし

第6章 ◆ その他知っておきたい！さまざまな税金　　225

た。「自動車税種別割」は、自家用乗用車（三輪の小型自動車を除く）
に係る総排気量別の税率が決まっていて、平成31年10月以後に新車登
録をしたものから新税率の適用となります。

■ 自動車税・軽自動車税環境性能割とは

　環境性能割とは、平成31年９月まで適用となっている自動車取得税
に代わって、平成31年10月より導入される税制です。特殊自動車を除
く自動車を取得したときに課税される都道府県税で、取得価額が50万
円以下であれば免税という点は、自動車取得税と変わりません。燃費
性能の良い車は税負担が軽くなり、燃費性能の悪い車は税負担が重く
なる性質をもつ税金で、自家用乗用車について平成32年度燃費基準値
より20％以上燃費性能の良いものは非課税、10％以上燃費性能の良い
ものは税率１％、平成32年度燃費基準値を満たすものは税率２％と
いった要件が詳細に定められています。

■ 自動車重量税は新車登録や車検時に納付する

　自動車重量税とは、自動車の重量に対して課せられる国税です。新
しく車を登録する新規登録や継続検査（車検）のときなどに納めます。
　自動車重量税は、自動車検査証の交付等又は車両番号の指定を受け
る時までに、原則として、その税額に相当する金額の自動車重量税印
紙を自動車重量税納付書に貼って納付します。
　税率は車の重さによって異なり、税額は年額で定められていて、乗
用車は車の重量（車両重量）に対して課税されますが、トラック・ラ
イトバンなど貨物車は車両総重量（車両重量＋最大積載量＋乗車定員
の重さ）に対して課税されます。小型二輪車及び軽自動車は１台ごと
に定額で定められています。
　低公害車は、平成24年５月１日以降に新車新規検査の際に納付すべ
き税額について減免又は免除される他、中古取得の場合も、期間内に

受ける車検の際の重量税が50％又は75％減税となります（エコカー減税）。平成26年度の税制改正では、低公害車に対しては2回目の車検まで免除されるなど、さらに拡充されることになりました。

　また、自動車重量税については、使用済自動車の不法投棄の防止及びリサイクル促進という観点から、自動車検査証の有効期間内に使用済みとなり、使用済自動車の再資源化等に関する法律（自動車リサイクル法）に基づいて適正に解体された自動車について自動車重量税の還付措置が設けられています。車検残存期間が1か月以上の場合は、申請により残存期間に相当する金額が還付されます。

■ 優遇措置について

　環境負担の少ない電気自動車やハイブリッド車などを対象に優遇措置がとられています。優遇措置には、自動車取得税と自動車重量税を対象とした「新エコカー減税・中古車特例」と、自動車税を対象とした「自動車税のグリーン化税制」（環境配慮型税制）の大きく2種類があります。

■ 自動車にかかる税金

	課税対象	納付時期	低公害車等の特例
自動車税種別割	毎年4月1日時点の自動車の所有者	送付された納税通知書により、毎年5月31日までに納付	グリーン化特例
軽自動車税種別割	毎年4月1日時点の自動車の所有者	送付された納税通知書により、毎年5月31日までに納付	グリーン化特例
自動車取得税→環境性能割	特殊自動車を除く自動車を取得した人	自動車の新規登録または移転登録をするときに納付	エコカー減税→平成31年9月廃止
自動車重量税	自動車の重量	自動車の新規登録や車検のときなどに納付	エコカー減税

第6章 ◆ その他知っておきたい！さまざまな税金　227

「エコカー減税」は、経産省主導のもと平成21年にスタートしました。現在は「新エコカー減税・中古車特例」となり、平成24年5月1日以降の期間中に、排出ガス性能及び燃費性能の優れた環境負荷の小さい自動車を取得した場合は、その排出ガス性能に応じ、自動車重量税と自動車取得税を減免する制度です。自動車取得税においては、平成31年9月30日までに取得した場合に税率の軽減措置が受けられ、自動車重量税については、平成33年4月30日までに受ける新車検査や車検の際に減税あるいは免税の適用となります。

　「自動車税のグリーン化税制」（環境配慮型税制）は、自動車所有者に対し毎年課される自動車税について、その車の環境負荷の度合いに応じて優遇と重課を設けた措置です。排出ガス性能及び燃費性能の優れた環境負荷の少ない自動車に対しては、登録した翌年度の自動車税が、おおむね50％から75％軽減されます。

　反対に、新車新規登録（初度登録）から一定年数を経過した環境負荷の大きい自動車は税率を重くしています。地球温暖化防止及び大気汚染防止の観点から、環境にやさしい自動車の開発・普及の促進を図るための措置です。このグリーン化税制には、平成32年3月31日まで適用されます。優遇措置にはその他にも、「ASV・バリアフリー車両減税」などがあります。

　なお、ASV車両減税（先進安全自動車に対する税制特例）は、平成30年度税制改正により拡充・対象期間延長があり、バリアフリー車両減税は、平成31年度の税制改正により、特例措置がさらに2年延長しています。対象となる自動車がエコカー減税やバリアフリー減税、ASV減税の対象になる場合は、自動車重量税は軽減税率の高い減税が優先（同率の場合はエコカー減税優先）され、自動車取得税についてはエコカー減税、バリアフリー減税、ASV減税のうちいずれかを選択可能です。

不動産売買契約書などの文書に印紙を貼ることがありますが、印紙税とはどんな税金なのでしょうか。節約することはできるのでしょうか。

印紙税とは文書にかかる税金です。収入印紙を貼付することで、印紙税を納めていることになります。

印紙税が発生する事例は、印紙税法で具体的に規定されています。おもなものは、以下のようなケースです。
① 1万円以上の不動産の売買契約書など
② 10万円以上の約束手形又は為替手形
③ 5万円以上の売上代金の領収書や有価証券の受取書など

印紙税の課税対象となる文書のことを課税文書といいます。それぞれの課税文書において、契約書の記載金額（契約金額）や領収金額などで印紙税額が決まっています。

ただし、実務上はさまざまな文書があり、文書の作成者がその文書に収入印紙を貼り付けて納税が完結するという「自主納税方式」を取っているため、文書の作成の都度、納税額（収入印紙に貼り付ける額）を判断する必要があります。特に、昨今のような多種多様な経済取引がある中では、その交わされる課税文書の内容が複雑になる場合があるため、いくらの収入印紙を貼り付けるかについては慎重に対応する必要があります。

所定の収入印紙を貼らなかった場合には、その課税文書の作成者に対し、その貼るべき印紙税額とその2倍相当額の合計額が、過怠税という罰金的な税金の形で課されます。

一方、印紙税の必要のない文書に誤って印紙を貼ってしまった場合や印紙税の額を超える印紙を貼ってしまった場合には、還付を受けることができます。還付を受けるには、必要事項を「印紙税過誤納確認申請書」に記入して、納税地の税務署に提出しなければなりません。

●印紙税を節約するには

契約書や領収書には当然金額を記載しますが、その際に消費税や地方消費税は区分して記載するようにします。というのは、消費税を記載金額に含めてしまうと、消費税込の総額で印紙税の金額が判断されてしまうからです。

たとえば、税抜49,000円（税率8％の場合の消費税及び地方消費税額3,920円）、税込52,920円という売上代金の領収書の場合には、税抜で消費税を区分して記載すれば、記載金額は49,000円と判断され、50,000円未満なので印紙を貼付する必要はありません。しかし、税込52,920円で消費税を区分せずに記載すると記載金額は50,000円を超えてしまい、印紙の貼付が必要となります。

なお、「消費税及び地方消費税8％を含む」という書き方は区分表示とはみなされませんので、具体的な消費税額の金額を記載することが必要です。

また、不動産売買契約書などの契約書は、同じものを2通以上作成して当事者が保管することになっていますが、2通作成すれば、それぞれの契約書に印紙税がかかります。このような場合、契約書を1通だけ作成し、必要な分だけコピーをとります。コピーは契約書ではないので、印紙税はかかりません。実質1通でよい場合や、控え用に必要なだけの場合はコピーで十分でしょう。

ただし、このコピーに署名押印すると、コピーではなく契約書になりますから、印紙税がかかってしまいます。最近では、FAXやメールをビジネスに利用する機会が増えてきました。印紙税は課税文書である「紙」に対して課税されますので、FAXやメールそれだけでは課税されないことになります（署名や押印を加えれば課税文書となります）。うまく利用すれば、印紙税の節約になります。

5 関税について知っておこう

一般に「輸入品に課される税」と考えられている

■ 関税収入は重要な財源のひとつ

　関税とは、モノが国境を超えるときに課される税金です。日本ばかりでなく、各国が課税しています。目的は、国の収入の確保、国内の産業保護などです。

　国の収入確保に関税が役立つというのは、中央集権体制がまだ十分に整っていない国においては、関税こそ国家が税金を徴収するためのもっとも有効な方法であったという歴史的な事実によります。中央集権体制が整っていなかった頃は、国民の財産や収入を十分に把握し、それら国民の財産から税金を漏れなく徴収することは困難でした。しかし、輸入品は港で陸揚げされますので、数量を把握しやすいという面がありました。また、輸入品は、高額なものが多いという特性もありました。ぜいたく品ですから、購入する人には税金を負担しても購入できる経済力があると考えられたわけです。

　そこで、この２つの側面を利用して、確実に税金を徴収する手段として、関税が利用されたのです。

　また、産業保護という目的もあります。たとえば、海外から非常に安い製品が輸入された場合、多くの人が安い製品を購入して、国内で作られる製品を買わなくなってしまう恐れが出てきます。最悪の場合、国内で製品を作っているメーカーが事業撤退や倒産に追い込まれることになりかねません。そのような場合に、価格の安い輸入品に関税をかければ、国内で販売する際、販売者側は関税分を上乗せした値段をつけざるを得なくなり、国内製品との価格差を解消できるわけです。

　国家の財政規模が巨大になり、国内の徴税体制が整備されるのに伴

第６章 ◆ その他知っておきたい！さまざまな税金　　231

い、財源調達手段としての関税の役割は相対的に小さくなっていますが、わが国においては、今日の厳しい財政事情の下、約1兆円の関税収入（その他内国税を含めた税関における収納税額は約4兆円）は重要な税収のひとつとなっています。

輸入取引と関税

輸入品に関税が課されると、その分だけコストが増加し、国産品に対して競争力が低下します。ここから、関税の国内産業保護という機能が生まれます。現在では、関税の機能として、この国内産業保護が中心となっており、このような関税のことを保護関税といいます。

たとえば、ある商品の国産品価格が11万円、海外からの輸入品価格が10万円であったとします。このままでは、国内需要者は安価な輸入品だけを購入することになります。そこで、輸入品に10%の関税を課したとすると、輸入品の国内価格は11万円となり、国産品は輸入品と対等に競争できるようになります。「保護関税」の税率については、国内産業の実情だけでなく、消費者や諸外国の立場も考慮して決められています。

輸入数量制限と関税

個々の品目の輸入を調整する手段としては、関税の他にも、輸入禁止や輸入数量制限といったものがあり、輸入禁止はそれらの中で最も強力な手段です。

輸入数量制限とは、ある商品について一定期間の輸入量を決め、それ以上の輸入を認めない方式です。国内産業保護という面では関税を課すより輸入数量制限の方がはるかに強力といえますが、それだけに世界貿易の発展を阻害する恐れがあるわけです。

第7章

法人税・消費税の
申告・納税

1 申告納税制度とはどんな制度なのか

納税者自ら申告・納税する制度のことである

自分で計算し、申告・納税すること

私たちが納める税金の額を決定する方法としては、大きく分けて「申告納税方式」と「賦課課税方式」の2つの方法があります。

納税する人が、自分で税法に従って所得金額や税額を計算し、申告・納税することを**申告納税方式**といいます。確定申告の対象となるものは、すべて申告納税方式となります。

個人が、自分自身でその年の所得金額や国等に納めなければならない税額を決定するということは、税法に照らし合わせて合法であるときはよいのですが、その申告を行わなかった場合や申告した税額の計算が間違っていた場合には、問題が生じてしまいます。このようなことを確認する意味もあり、申告内容が正しいかどうかを税務署が調査する「税務調査」や、税務署長が税額を決定する「更正決定」が行われます。

この申告納税制度は戦後、経済の民主化の一環として採用されたものです。戦前は、物品税、酒税等の間接税が主軸で、所得税・法人税といった直接税は副次的な位置付けとなっていました。

そして、あらかじめ税務署が納税者ごとの課税額を計算する賦課課税制度をとっていました。

そこで終戦後、総司令部（GHQ）は、こうした制度は地域の有力者の介入を許し、税務行政を腐敗させると考え、1947年4月1日には所得税、法人税に、同年5月3日には相続税に申告納税制度を採用させました。こうして申告納税制度という新しい制度が導入され、納税制度が民主的なものに変わり、すでに70年以上が経過しました。

申告納税方式は、賦課課税方式に比較して、自分で税額を計算する
煩わしさが生じてしまいますが、税額を算出するにあたって、有利な
方法を検討し、選択することができます。個人事業者の青色申告制度
の記帳を促進させるための特典優遇措置等を利用することにより、自
分の意思で節税することができます。そのためには、自分が納付する
税金の制度への理解が必要となります。

　納税の義務は憲法30条に規定され、また、憲法84条に「租税法律主
義」を定めています。つまり、税金を課税する際には、法律に基づか
なければならないという考え方です。

■ 賦課課税方式が採用されている

　納税する人が申告することはせず、国・地方公共団体等の税金を徴
収する者が、納付すべき税額を確定することを**賦課課税方式**といいま
す。この方式は、国等が納付すべき税額として確定した金額を記載し
た「賦課決定通知書」を交付して、税金を納める人がこれに基づいて
納付することになります。現在でも賦課課税制度は、固定資産税や自
動車税等の地方税について原則とされています。

■ 税金の額の決定方法 ……………………………………………………

申告納税方式

自分で税法に従って所得金額や税額を計算し、申告・納税する方法

賦課課税方式

納税する人が申告することはせず、国・地方公共団体等の税金を
徴収する者が納付すべき税額を確定する方法

第 7 章 ◆ 法人税・消費税の申告・納税　　235

2 法人税の申告納税について知っておこう

申告納付期限は原則として決算日後2か月以内である

法人税の確定申告とはどんなものか

　会社（法人）の利益に対する課税は、申告納税です。そのため、各事業年度終了の日の翌日から2か月以内に、所轄の税務署長などに対し、確定した決算に基づき、その事業年度の課税標準である所得金額又は欠損金額、納める法人税額等を記載した申告書を提出しなければなりません。法人税額は、確定申告書の提出期限までに納付しなければならないこととなっています。これが、法人税の確定申告納付です。

　なお、法人税は、株主総会の承認を得た確定決算をもとに計算しますが、会計監査人監査などの必要性から、2か月以内に決算が確定しない場合があります。このような場合には、届出書を提出し、1か月間の申告期限の延長をします（連結納税制度を適用している法人で、連結子法人が多数他、特別の事情等の場合は2か月間の延長可能）。ただし、納付税額には、決算日後2か月目から納付日までの間、利子税がかかります（2か月目に納付税額を見積り予定納税することで、利子税がかからないようにする方法があります）。

法人税の中間申告をしなければならない場合がある

　会社（法人）事業年度が6か月を超える場合には、その事業年度開始の日以降6か月を経過した日から2か月以内に中間申告をしなければなりません。ただし、新設法人の設立第1期の事業年度の場合は、中間申告は必要ありません。

　中間申告には、次のような2つの方法があります。

① 前年実績による予定申告

この方法は、前期事業年度の法人税の６か月換算額で申告する方法です（税額が10万円以下の場合は予定申告納付の必要はありません）。

② 仮決算による中間申告

この方法は、その事業年度開始の日から６か月の期間を１事業年度とみなして申告する方法です。この場合、６か月で中間決算を行って中間申告納税額を計算します。

中間申告をすべき法人が、どちらの方法により申告するかは法人の任意となっています。中間申告に係る法人税額も、確定申告と同様、中間申告書の提出期限までに納付しなければなりません。これが、法人税の中間申告納付です。

■ 修正申告では延滞税がかかることがある

申告した法人税が正しい金額よりも少なかった場合、税額を申告し直すことが必要となってきます。この申告を**修正申告**といいます。この場合、この申告により増加した税額に対して、延滞税等が課税される場合があります。

■ 法人税の申告納税方法 ....

法 人 税 の 確 定 申 告 納 付	事業年度終了の日の翌日から２か月以内に申告納付
法 人 税 の 中 間 申 告 納 付	前年実績による予定申告　…前事業年度の法人税の６か月換算額を申告納付
	仮決算による中間申告　…事業年度開始の日から６か月間を１事業年度とみなして申告納付
修 正 申 告 納 付	申告した法人税が少なかった場合に正しい税額を申告納付

第７章 ◆ 法人税・消費税の申告・納税　　237

3 消費税の申告・納付について知っておこう

直前の確定申告で中間申告の回数が決まる

■ 消費税はどのように申告・納税するのか

消費税の申告や納税方法については、確定申告と中間申告があります。以下、申告方法の具体的内容について見ていきましょう。

① 確定申告

消費税の課税事業者になった場合は、税務署に消費税の確定申告書を提出し、申告期限までに消費税を納付しなければなりません。法人の申告期限は、課税期間終了後2か月以内です。個人の場合は原則として翌年の3月31日ですが、課税期間を短縮する特例を受けた場合には、申告期限は課税期間終了後2か月以内となる場合があります。

申告する消費税額は、課税期間中に得意先からの売上などの収入といっしょに預かった消費税の合計から、課税期間中に仕入や経費といっしょに支払った消費税の合計を差し引いて計算します。これを確定消費税額といいます。

期間中に預かった税金より支払った税金の方が多い場合には、申告により差額の税金の還付を受けます。

② 中間申告

直前の課税期間に申告した消費税額が一定金額を超えた場合、その次の課税期間においては中間申告をしなければなりません。中間申告とは、現在の課税期間の確定消費税額を概算で見積もり、前もってその一部を申告・納付する事をいいます。

中間申告を行う時期と回数について見ていきましょう。前課税期間の確定消費税額（地方消費税を除く）が48万円以下であれば、中間申告は不要です。前課税期間の確定消費税額が48万円超400万円以下で

あれば年1回6か月後に、400万円超4800万円以下であれば年3回3か月ごとに、4800万円超であれば年11回毎月、中間申告を行います。申告期限はそれぞれ6か月、3か月、1か月の「中間申告対象期間」終了後2か月以内です。たとえば3月決算の会社で、年1回中間申告を行う場合、中間申告対象期間は4月～9月、申告期限は11月ということになります。なお、中間申告義務のない事業者も、任意で中間申告を行うことができます。

　中間申告により納付した税額は、確定申告を行う際に「すでに納付した金額」として確定消費税額から差し引きます。確定消費税額の方が少ない結果となった場合には、中間申告により払い過ぎた消費税が還付されます。

　なお、前述したように、48万円以下であれば中間申告は不要ですが、平成31年10月に消費税率が10％に上がることにより今後は納税額が増えることが見込まれますので、中間申告を行い、前もって一部を納税することもできます。いずれにしても、納税資金の確保が重要です。

■ 消費税の確定申告・納付 ･･････････････････････････････････････

個人事業者 ------- 翌年の3月末日

法　　人 ------- 課税期間の末日の翌日から2か月以内

消費税の中間申告・納付

直前の確定消費税	中間申告の回数	中間納付税額
48万円以下	中間申告不要	――――
48万円超400万円以下	年1回	直前の確定消費税額×$\frac{1}{2}$
400万円超4800万円以下	年3回	直前の確定消費税額×$\frac{1}{4}$
4800万円超	年11回	直前の確定消費税額×$\frac{1}{12}$

第7章 ◆ 法人税・消費税の申告・納税　　239

■ 中間申告における納付税額の計算方法

　中間申告における納付税額の計算方法については、①予定申告方式と②仮決算方式の２つの方法があります。これらの方法については、特に届出などの手続きを行わずに自由に選択することができます。

①　予定申告方式

　中間申告の納付税額を、前年度の「確定消費税額」を月数按分して計算する方法です。

　中間申告が年１回であれば「確定消費税額×１／２」、３回であれば「確定消費税額×１／４」、11回であれば「確定消費税額×１/12」が、それぞれ納付税額ということになります。

　実際には、税務署から送付される申告用紙と納付書にあらかじめ金額が印字されているので、計算の必要はありません。

②　仮決算方式

　中間申告対象期間ごとに決算処理を行い、中間申告の納付税額を計算する方法をいいます。中間申告が年１回であれば６か月、３回であれば３か月、11回であれば１か月の期間をそれぞれ１つの課税期間とみなして、確定申告と同様の手順で納付税額の計算を行います。この方法は申告の回数が増えるので事務負担がかかりますが、予定申告による納付税額の方が多く資金繰りが厳しい場合には、検討するメリットがあります。

　ただし、仮決算方式を選択した場合、確定申告を行うまでは消費税の還付を受けることはできません。また、提出期限を過ぎてから提出をすることは認められません。

■ いつから10％消費税の申告をするのか

　平成31年10月１日以降は消費税率が10％になりますので、平成31年10月決算法人からは平成31年９月までの取引は８％、10月以降の取引には10％を適用し、申告することになります。

240

個人事業者は、平成31年分の申告に関して１月から９月までの取引については８％、10月以降の取引については10％の税率を適用し、申告することになります。

■ 罰則について

　消費税は、実は滞納が多い税金であるといわれています。では実際に申告や納付を行わなかった場合、どうなるのでしょうか。

　消費税の申告書の提出や納付の期限を過ぎてしまった、あるいは税額が過小であった場合、**附帯税**が課せられます。附帯税とは、消費税本体に加えて付加的に課せられるペナルティ的な性質の税をいいます。この附帯税に対し、納めるべき消費税そのもののことを「本税」といいます。附帯税には、①無申告加算税、②過少申告加算税、③延滞税、④重加算税などがあります。なお、以下は国税に関する説明となりますが、地方消費税についても、国税と同様の罰則規定があります。

　どうしても資金繰りが厳しく、期限内に一括納付ができない場合は、税務署と協議の上で分割納付にすることもできます。ただし、納期を延長すると、③延滞税の負担があるということも考慮に入れる必要があります。

■ 適用される罰則 ……………………………………………………

無申告加算税	申告を行わなかったことに対する附帯税
過少申告加算税	納付税額が実際よりも過小であった場合に課される附帯税
延滞税	申告期限より遅れた期間について支払う附帯税
重加算税	仮装、隠ぺいの事実があった場合など、悪質であると判断された場合に課税される附帯税

第７章 ◆ 法人税・消費税の申告・納税　　241

① 無申告加算税

　申告を行わなかったことに対する附帯税です。後日自主的に申告、納付を行った場合には本税×５％に相当する金額が課せられます。一方、税務調査等で指摘を受けて申告、納付した場合には、50万円までの部分に対しては本税×15％、50万円を超える部分に対しては本税×20％に相当する金額が課せられます。税額を計算した結果、5,000円未満となる場合、無申告加算税は免除されます。

② 過少申告加算税

　納付税額が実際よりも過小であった場合に課されます。後日修正申告として自主的に申告、納付した場合と、附帯税額が5,000円未満となる場合には、課税されません。上記以外の場合、期限内に申告した本税の額と50万円と比較し、どちらか多い方の金額をボーダーラインとして税率が変わります。ボーダーラインを下回る部分については10％、上回る部分については15％が課税されます。

③ 延滞税

　申告期限より遅れた期間に対する利息のような性質の税金です。遅れた期間のうち、申告期限から２か月までについては本税×2.6％、２か月を超える期間については本税×8.9％が、日数に応じて課税されます。ただし合計で1,000円未満の場合は、免除されます。なお、この税率は平成31年１月１日から12月31日までのものです。税率に変更があれば、随時国税庁ホームページで発表されます。

④ 重加算税

　消費税の申告に関して、仮装、隠ぺいの事実があった場合など、悪質であると判断された場合に、過少申告加算税や無申告加算税の代わりに課税される附帯税です。

　期限内申告の場合、過少申告加算税に代えて本税×35％、期限後申告の場合、無申告加算税に代えて本税×40％が課税されます。

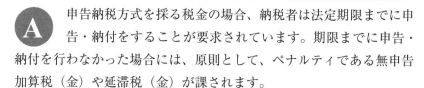
おもな税金の申告期限と納付方法について教えてください。期限後に申告するとどうなるのでしょうか。

申告納税方式を採る税金の場合、納税者は法定期限までに申告・納付をすることが要求されています。期限までに申告・納付を行わなかった場合には、原則として、ペナルティである無申告加算税（金）や延滞税（金）が課されます。

また、青色申告の特典である「欠損金の繰戻還付」の適用を受ける場合には、欠損事業年度の青色申告書を提出期限までに提出することが要件となっていますので、期限内の申告・納付を心がけることが大切です。

以下、おもな税金の申告期限と納付方法を知っておきましょう。

① 国税
・法人税

確定申告書の提出期限は、原則として、事業年度終了の日の翌日から2か月以内です。税金の納付期限も、確定申告書の提出期限と同じです。なお、平成32年4月1日以後開始する事業年度から、資本金の額等が1億円超の法人等その他一定の法人に対して、確定申告書を電子申告（e-Tax）により提出することが義務付けられます。これは、下記の消費税及び地方消費税の場合も同様です。

・消費税及び地方消費税

確定申告書の提出期限は、課税期間の末日の翌日から2か月以内です。税金の納付期限も、確定申告書の提出期限と同じです。

・源泉所得税

原則として、源泉徴収の対象となる所得を支払った月の翌月の10日までに納付します。給与の支払対象者が常時9人以下の事業所の場合、半年ごとの納期の特例があります。

② 都道府県税

第7章 ◆ 法人税・消費税の申告・納税　　243

・法人県民税・法人事業税

　確定申告書の提出期限は、原則として事業年度終了の日の翌日から2か月以内です。税金の納付期限も、確定申告書の提出期限と同じです。

・不動産取得税

　不動産を取得した日から60日以内に、「不動産取得申告書」を提出します。納付は、県税事務所から送付される納税通知書により、納税通知書に定められた日までに納めます。

③　市町村税

・法人市民税

　確定申告書の提出期限は、原則として事業年度終了の日の翌日から2か月以内です。税金の納付期限も、確定申告書の提出期限と同じです。

・事業所税

　法人の場合には、申告期限は事業年度終了の日の翌日から2か月以内です。税金の納付期限も申告期限と同じです。

■ おもな税金の申告期限と納付方法〈法人の場合〉..................

期限内に申告書の提出・税金の納付をしなかった場合	ペナルティである無申告加算税（金）や延滞税（金）が加算される
法人税・法人住民税・法人事業税・事業所税	……… 事業年度終了の日の翌日から2か月以内
消費税及び地方消費税	……… 課税期間の末日の翌日から2か月以内
源泉所得税	……… 支払った月の翌月の10日まで
不動産取得税	……… 不動産を取得した日から60日以内

4 青色申告について知っておこう

所得税と法人税に認められている申告方法である

■ 青色申告には特典がたくさんある

　法人税は、会社が自分でその所得や税額を申告して納付するという、「申告納税制度」をとっています。

　確定申告の仕方には、申告用紙の色に由来する「青色申告」と「白色申告」という2種類の申告形式があります。政府は、帳簿書類の備付けを促し、申告納税制度を普及する目的から、「青色申告」を奨励しています。

　青色申告とは、一定の帳簿書類を備えて日々の取引を複式簿記の原則に従い整然かつ明瞭に記録し、その記録に基づいて申告することをいいます。

　白色申告とは、青色申告以外の申告を指します。簡易な方法による記帳が認められ、青色申告では必要とされる仕訳帳や総勘定元帳の作成は義務付けられません。

　両者の間には、記帳する帳簿の種類や認められる特典などに大きな違いがあります。青色申告にはさまざまな特典がありますので、青色申告の承認を受けておく方が会社にとっては節税効果があるので有利です。

　たとえば設立の第1期目は、とかく赤字、つまり「欠損」になりがちなものです。青色申告であれば、その欠損金を翌年度以降の黒字の所得金額と相殺することができるという「欠損金の繰越控除」（100ページ）という特例が認められています。設立第1期分から青色申告にしておく手続きは、忘れないようにしてください。

　わが国の課税方式は、従来賦課課税方式をとっていましたが、1947

第7章 ◆ 法人税・消費税の申告・納税　　245

年から納税者自身が税額を確定する現在の申告納税方式に切り換えられました。青色申告制度は、1949年のシャウプ勧告により税法に取り入れられた制度で、現在所得税と法人税とに設けられています。青色申告をすると、白色申告に比べて税負担を軽くすることのできる特典を受ける権利がある一方、それに相応する水準の記帳をする義務があります。

　青色申告を選択するためには、税務署長に一定の申請書を提出して、あらかじめ承認を受ける必要があります。

　青色申告には、白色申告にはない次のような特典があります。

① 　青色申告書を提出した事業年度に生じた欠損金の繰越控除
② 　欠損金の繰戻しによる還付
③ 　帳簿書類の調査に基づかない更正の原則禁止
④ 　更正を行った場合の更正通知書への理由附記
⑤ 　推計による更正又は決定の禁止
⑥ 　各種の法人税額の特別控除など
⑦ 　青色申告をする者と生計を共にしている従業員（控除対象の配偶者及び扶養家族を除く）の給与の必要経費算入
⑧ 　個人の青色申告特別控除

■ 確定申告の方法

一定の帳簿書類を備えて、日々の取引を複式帳記の原則に従い整然かつ明瞭に記録し、その記録に基づいて申告する方法

青色申告以外の申告方法

帳簿書類の備付けを促し、申告納税制度を普及する目的から青色申告が奨励されている

5 青色申告をするための手続きについて知っておこう

一定期限内に「青色申告の承認申請書」を提出する必要がある

■ 青色申告の要件は2つある

　所得税では、青色申告ができる者を「不動産所得・事業所得・山林所得」を生ずべき業務を行う者に限定していますが、法人税については、業種を問わず、以下の2つの条件を満たすことで青色申告をすることができます。

① 複式簿記に基づき記帳された法定の帳簿書類を備え付けて取引を記録・保存すること
② 「青色申告承認申請書」を所轄の税務署長に提出して承認を受けること

　青色申告の承認を受けようとする法人は、その事業年度開始の日の前日までに、「青色申告承認申請書」を納税地の所轄税務署長に提出しなければなりません。ただし、設立第1期の場合には、設立の日以後3か月を経過した日と、設立第1期の事業年度終了の日とのどちらか早い日の前日までに申請書を提出することになっています。申請書

■ 青色申告をするには

| 青色申告の承認を受けようとする法人 | | 一定期限内に「青色申告の承認申請書」を提出 |

青色申告の要件
1. 法定の帳簿書類を備え付けて取引を記録し、かつ保存すること
2. 納税地の税務署長に青色申告の承認の申請書を提出して、あらかじめ承認を受けること

を期限内に提出することができなかった場合、その事業年度は青色申告をすることができませんので注意が必要です。

青色申告法人は帳簿書類を備える義務がある

青色申告法人は、その資産・負債及び純資産に影響を及ぼす一切の取引を複式簿記の原則に従い、整然かつ明瞭に記録し、その記録に基づいて決算を行わなければならないことになっています。また、青色申告法人は、仕訳帳・総勘定元帳・棚卸表その他必要な書類を備えなければならないことになっており、かつ、その事業年度終了の日現在において、貸借対照表及び損益計算書を作成しなければなりません。

仕訳帳・総勘定元帳・棚卸表には、次の事項を記載します。

① 仕訳帳：取引の発生順に、取引の年月日・内容・勘定科目及び金額
② 総勘定元帳：その勘定ごとに記載の年月日・相手方勘定科目及び金額
③ 棚卸表：その事業年度終了の日の商品・製品等の棚卸資産の種類・品質及び型の異なるごとに数量・単価及び金額

帳簿書類の保存期間は一律7年間が原則である

青色申告法人については資本金の大小にかかわらず、帳簿書類をその事業年度の確定申告提出期限から7年間保存することが原則です。「帳簿書類」とは、総勘定元帳、仕訳帳、現金出納帳、売掛金元帳、買掛金元帳、固定資産台帳、売上帳、仕入帳、棚卸表、貸借対照表、損益計算書、注文書、契約書、領収書などがあります。

また、消費税法では、仕入税額控除が受けられる要件として、「帳簿及び請求書等」の保存が義務付けられています。

ただし、10年間の欠損金の繰越控除（100ページ）の適用を受ける場合には、10年間（開始事業年度により、繰越控除可能な年数は違う）保存しておく必要があるので注意が必要です。

なお、商行為に関する法規である商法においては、19条で、商人（会社などの事業者）は10年間商業帳簿や営業に関する重要書類を保存することを定めていますので、最低10年ということになります。決算書・申告書、定款、登記関連書類、免許許可関連書類、不動産関連書類、その他重要な契約書・申請願・届出書などについては、保存期間が定められていても、重要書類として永久保存した方がよいでしょう。

■ 電磁的記録による保存制度

　帳簿書類の保存は紙による保存が原則ですが、平成10年に「電子計算機を使用して作成する国税関係帳簿書類の保存方法等の特例に関する法律」（電子帳簿保存法）が成立したことにより、コンピュータを使って作成した帳簿書類について、一定の要件の下に、磁気テープや光ディスクなどに記録した電磁的記録のままで保存することができるようになりました。また、原本が紙の書類についても、一定の要件の下に、スキャナーを利用して作成した電磁的記録により保存できます。

　なお、電磁的記録による保存制度の適用を受けるためには、税務署長に対して、申請に係る帳簿書類の保存場所、備付け、保存開始日、保存の要件を満たすための措置等所定の事項を記載した申請書に所定の書類を添付して承認を受けようとする日の3か月前までに提出し、税務署長の承認を受けることが必要です。

■ 帳簿書類の保存

商法	商人には 10 年間商業帳簿や営業に関する重要書類を保存することを要求
税法	大法人・中小法人に関係なく 7 年間帳簿書類を保存することを要求
消費税法	仕入税額控除の適用を受けるためには「帳簿及び請求書等」の保存が必要

第 7 章 ◆ 法人税・消費税の申告・納税　　249

6 推計課税の禁止・更正の理由の附記について知っておこう

青色申告者の更正は帳簿書類の調査に基づかなければならない

青色申告法人には推計課税が許されていない

　法人税法は、「税務署長は、内国法人に係る法人税につき更正又は決定をする場合には、その内国法人の財産あるいは債務の増減の状況、収入あるいは支出の状況又は生産量、販売量その他の取扱量、従業員数その他事業の規模によりその内国法人に係る法人税の課税標準（更正をする場合にあっては、課税標準又は欠損金額）を推計して、更正又は決定することができる」と規定しています。つまり、税務署長の推測で税額を決めるということです。これを**推計課税**と呼ぶことがあります。現行の申告納税制度は、納税者自ら計算した実額で申告し、その実額に基づく税を納付する制度です。しかし、このような実額のチェックが税務調査により不可能な場合に、課税公平の見地から、法人の間接資料に基づいて所得を推計し、更正・決定するというのが、この規定の趣旨です。したがって、適正な帳簿備付けを要件とする青色申告法人については、推計課税により更正又は決定をすることはできません。

　青色申告法人は、複式簿記により記録し、その記録した帳簿書類を保存していることを前提としています。したがって、青色申告法人の更正は、その帳簿書類を調査し、その調査により申告に誤りがあると認められる場合に限られます。

更正通知の理由附記

　法人税法は、「税務署長は、内国法人の提出した青色申告書に係る法人税の課税標準又は欠損金額を更正する場合には、更正通知書にそ

250

の更正理由を附記しなければならない」と規定しています。

したがって、更正通知書を受領した場合には、更正の理由が正しいかどうかを検討する必要があります。検討事項としては、以下の2点があげられます。

① 税務当局が事実を正確に認識した更正内容になっているか

② これに対する法令解釈が妥当であるか

場合によっては、異議の申立てを行うことも可能です。

■ 更正とは何か

納税者の提出した申告書につき、その課税標準等又は税額等が税務署の調査したところと異なる場合に、税務署長がその税額等を増額又は減額させる処分をいいます。更正は、更正通知書の送達により行われます。税務署長が更正処分を行うことができるのは、原則として法定申告期限から5年間です。ただし、翌期欠損金等の金額が少なすぎた場合には、法定申告期限から9年間、更正又は決定の処分を行うことができます。

■ 決定とは何か

申告書を提出すべき人がその申告書を提出しなかった場合に、調査等により税務署長がその納付すべき税額を確定させる処分をいいます。決定は、決定通知書の送達により行われます。決定処分を行うことができるのは、原則として法定申告期限から5年間です。

■ 青色申告と推計課税の禁止 ……………………………………

推計課税の禁止	帳簿書類の調査に基づかない推計による更正・決定はできない
帳簿書類の調査による更正	
更正通知の理由附記	更正の理由を更正通知書に附記しなければならない

第7章 ◆ 法人税・消費税の申告・納税　251

特別償却・特別控除について知っておこう

数多くの特別償却・割増償却、特別控除の適用が認められている

■ 特別償却・割増償却とは何か

　特別償却とは、特定の機械や設備を購入し利用した場合に、税法で認められた通常の償却額に加えて、取得価額に一定割合を乗じて算出した金額を上乗せして償却ができることをいいます。

　一方、**割増償却**とは、税法で認められた通常の方法による償却に加えて、通常の償却額に一定割合を乗じて算出した金額を上乗せして償却ができることをいいます。

　特別償却及び割増償却の適用の対象となる法人は、ほとんどの場合が青色申告法人であることが要件です。

　特別償却や割増償却は、初年度に普通償却と別枠で減価償却が行えるので、初年度の税負担は軽減できます。しかし、その後の減価償却費は、先取りした分だけ減少するので、期間を通算すれば、全体として償却できる額は同じですから、課税の繰延措置といえます。

■ 特別控除は特別償却との選択適用となっている

　特別控除とは、納めるべき税額から一定額を特別に控除することができる特例をいいます。特別控除制度の多くは、前述の特別償却制度との選択適用が認められています。特別控除の適用の対象となる法人は、青色申告法人であることが要件です。

　特別償却は、償却を前倒しして計上する課税の繰延べであるのに対し、特別控除は一定額の法人税を控除する一種の免税です。長期的に見れば、通常は特別控除の方が有利です。

　では税額控除がなぜ有利なのか、具体例で見ていきましょう。

たとえば中小企業投資促進税制では、取得価額全額の即時償却又は取得価額の7％（特定の中小企業については10％）の税額控除の選択ができます。200万円の機械を購入した場合、特別償却を選択すると200万円を当期の損金に算入することができます。中小法人の税率を適用して15％とすると、納める法人税が200万円×15％＝30万円分少なくなることになります。ただし、翌年以後については、機械の減価償却費（65ページ）は損金に算入することはできません。取得価額は、当期に全額費用化してしまっているからです。

　一方、税額控除を選択すると、200万円の機械であれば、200万円×7％＝14万円を、納めるべき法人税額から直接控除することになります。特別償却を選択した場合の30万円と比較すると、当期の節税効果は小さいといえます。ただし、税額控除とは別に、取得価額200万円に対する減価償却も通常通り行うことができます。200万円分の取得価額については、長い目で見れば、耐用年数に応じて全額損金に算入することができるということです。つまり、税額控除を受けた金額については、特別償却を選択した場合よりも多く節税できたということになります。実際どちらを選択する方がよいのかについては、よくシミュレーションをして検討してみるとよいでしょう。

■ 特別償却と税額控除の比較

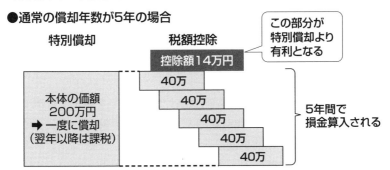

■中小企業経営強化税制

　特別償却・特別控除の種類は数多くあります。たとえば、「中小企業経営強化税制」は、青色申告書を提出する法人又は個人事業者が、中小企業等経営強化法に定める一定の生産性向上設備等を取得又は製作し、事業用として利用した場合に認められる税の優遇制度です。対象となる設備等の取得価額全額の即時償却又は7％の税額控除とのいずれかを選択適用することができます。さらに、特定の中小企業者（個人事業主や資本金3,000万円以下の法人）に対しては、税額控除について10％までの上乗せ措置が適用される場合もあります。この特例は、平成29年4月1日から平成31年3月31日までに対象資産を取得等した場合に適用され、平成31年度税制改正では、前述の中小企業投資促進税制と共に、適用期限が2年延長され、平成33年3月31日までとなりました。

　対象となる設備には、大きく分けて「生産性向上設備」と「収益力強化設備」との2種類があり、いずれも一つ当たりの価額が一定以上（機械装置：160万円、工具及び器具備品：30万円、建物附属設備：60万円、ソフトウェア：70万円）であることが要件になっています。

　生産性向上設備とは、設備の販売時期が一定期間以内（機械装置：10年、工具及びソフトウェア：5年、器具備品：6年、建物附属設備：14年）に販売されており、旧モデル比で経営力を示す指標（生産効率、エネルギー効率、精度等）が年平均1％以上向上するものをいいます。メーカーが発行する証明書を受け取れば適用できるため、比較的簡単な手続きで済ませることができます。

　一方、収益力強化設備とは、投資計画における年平均の投資利益率が5％以上となることが見込まれるものであることにつき、経済産業大臣の確認を受けた投資計画に記載された設備をいいます。複数の機械が連結した一連の設備が丸ごと適用の対象となり優遇金額も大きくなります。なお、投資計画を作成し、公認会計士又は税理士に確認し

てもらった上で経済産業局へ申請する必要があります。

特別控除のみが認められる制度

特別控除のみが認められる制度もあります。たとえば、①雇用者の数が増加した場合の税額控除や、②雇用者の給与等支給額が増加した場合の税額控除などがあげられます。

①の制度は、適用事業を営む青色申告法人が、地方で本社機能の拡充または東京等からの移転を行い、その地方事業所において一定の雇用者を増加させた場合に、その増加した人員1人あたり最大3年間で150万円の税額控除が認められる制度です。具体的には、地方に本社を置く企業がその本社を増築するような「拡充型」と、東京23区に本社を置く企業が地方に新社屋を建設し本社を移転するような「移転型」があります。

②の制度は、平成30年4月1日から平成33年3月31日までに開始する事業年度で青色申告法人が、雇用者に支給する給与等が一定以上増加した場合に、増加額の15％の税額控除が認められる制度です。

青色申告法人には、これらの規定の他にも同様の数多くの特別償却・割増償却及び特別控除の制度が設けられています。

■ 青色申告の特典 ⋯⋯⋯⋯⋯⋯⋯⋯⋯⋯⋯⋯⋯⋯⋯⋯⋯

| 取得価額又は
特別償却・割増償却 | ----▶ | 課税の繰延べ |

⌐------ 普通償却取得価額又は限度額×一定割合＝償却限度額

| 特別控除 | ----▶ | 一定の免税 |

⌐------ 取得価額×一定割合＝税額控除額

【監修者紹介】
武田　守（たけだ　まもる）
1974年生まれ。東京都出身。公認会計士。
慶應義塾大学卒業後、中央青山監査法人、太陽ASG有限責任監査法人（現太陽有限責任監査法人）、東証１部上場会社勤務等を経て、現在は武田公認会計士事務所代表。
監査法人では金融商品取引法監査、会社法監査の他、株式上場準備会社向けのIPOコンサルティング業務、上場会社等では税金計算・申告実務に従事。
会社の決算業務の流れを、監査などの会社外部の視点と、会社組織としての会社内部の視点という２つの側面から経験しているため、財務会計や税務に関する専門的なアドバイスだけでなく、これらを取り巻く決算体制の構築や経営管理のための実務に有用なサービスを提供している。
共著として「株式上場準備の実務」（中央経済社）がある。

事業者必携
消費税率10％引き上げに対応！
入門図解　会社の税金【法人税・消費税】しくみと手続き

2019年５月30日　第１刷発行

監修者	武田守
発行者	前田俊秀
発行所	株式会社三修社
	〒150-0001　東京都渋谷区神宮前2-2-22
	TEL　03-3405-4511　FAX　03-3405-4522
	振替　00190-9-72758
	http://www.sanshusha.co.jp
	編集担当　北村英治
印刷所	萩原印刷株式会社
製本所	牧製本印刷株式会社

©2019 M. Takeda Printed in Japan
ISBN978-4-384-04811-7 C2032

JCOPY〈出版者著作権管理機構　委託出版物〉
本書の無断複製は著作権法上での例外を除き禁じられています。複製される場合は、そのつど事前に、出版者著作権管理機構（電話 03-5244-5088　FAX 03-5244-5089 e-mail: info@jcopy.or.jp）の許諾を得てください。